시대를 대표하는
길라잡이가 안내하는
세계사

2

16세기~현대

시대를 대표하는 길라잡이가 안내하는 세계사 2

초판 1쇄 2013년 4월 30일

글 페르난도 가르시아 데 코르타사르 **| 그림** 훌리우스 **| 옮김** 유혜경 **| 감수** 심금숙
펴낸이 김영은 **| 기획 총괄** 정인진 **| 영업 총괄** 박하연 **| 편집** 김용준 **| 디자인** 고문화
펴낸곳 도서출판 책빛
출판 등록 2007.11.2.제 406-000101호
주소 경기도 고양시 일산동구 무궁화로 7-63 1206
전화 070-7719-0104 **| 팩스** 031-918-0104
전자우편 booklight@naver.com
블로그 http://blog.naver.com/booklight
ISBN 978-89-6219-125-7
ISBN 978-89-6219-122-6(세트)

＊잘못된 책은 구입한 곳에서 바꾸어 드립니다.

《Pequeña historia del mundo》

© Text: Fernando García de Cortázar, 2009
© llustrations: Julio Carabias Aranda, Jvlivs, 2009
© Espasa Libros, S.L.
Pe de Recoletos 4, 28001 Madrid (Spain)

Korean Translation copyright© 2013 Booklight Publishing Co.
Korean Edition published by arrangement with Espasa Libros S.L. through Literary Agency Greenbook.

이 책의 한국어판 저작권과 판권은 저작권 에이전시 그린북을 통한 저작권자와의 독점 계약으로 도서출판 책빛에
있습니다. 저작권법에 의해 한국 내에서 보호를 받는 저작물이므로 무단 전재와 무단 복제, 전송, 배포 등을 금합니다.

「이 도서의 국립중앙도서관 출판시도서목록(CIP)은 서지정보유통지원시스템 홈페이지(http://seoji.nl.go.kr)와
국가자료공동목록시스템(http://www.nl.go.kr/kolisnet)에서 이용하실 수 있습니다.(CIP제어번호: CIP2013003665)」

시대를 대표하는

길라잡이가 안내하는
세계사

2

16세기~현대

페르난도 가르시아 데 코르타사르 지음 | 훌리우스 그림
유혜경 옮김 | 심금숙 감수

책빛

어린이별에 사는 생텍쥐페리의 어린 왕자에게,
더 좋은 날에 돌아오길 모두가 기다리는
그 어린 왕자에게 이 책을 바칩니다.

페르난도 가르시아 데 코르타사르

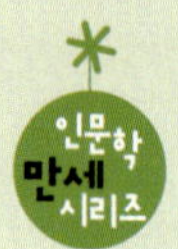

차례

신세계(16세기와 17세기)

세 번째 역사 안내자 : 레오나르도 다빈치 · 10

피렌체 · 16

대항해 시대 · 23

분열 · 31

오스만 제국 · 37

과학 · 44

세계사를 보는 방법 · 51

이성의 세기

네 번째 역사 안내자 : 샤를 몽테스키외 · 62

백과전서파 · 66

계몽주의 여행자들 · 72

자유의 나라 · 77

미국의 탄생 · 82

프랑스 혁명 · 90

나폴레옹 · 99

해방자들 · 107

세계사를 보는 방법 · 114

진보의 세기

다섯 번째 역사 안내자 : 조지프 콘래드 · 120

산업 혁명 · 124

평등의 씨앗 · 132

여러 국가의 탄생 · 139

제국주의 · 148

아프리카 모험 · 156

노예 제도를 타도하자! · 164

세계사를 보는 방법 · 170

공포의 세기

마지막 역사 안내자 : 슈테판 츠바이크 · 176

제1차 세계 대전 · 181

위대한 약속의 땅 · 188

독재자들의 시대 · 195

평화주의자 간디 · 210

냉전 · 218

달 착륙 · 226

세계사를 보는 방법 · 231

이 세상에서 가장 아름다운 곳

작별 · 238

인물 정리 · 243

시대를 대표하는 길라잡이가 안내하는 세계사 1

차례

프롤로그

바람의 날개

고대

첫 번째 역사 안내자 : 헤로도토스

파라오의 땅
별들의 땅
성경에 나오는 사람들
부처와 공자 이야기
페르시아 인의 자존심
그리스 인들의 지혜
알렉산드로스 대왕의 모험
중국의 만리장성
로마
예수 이야기

세계사를 보는 방법

중세

두 번째 역사 안내자 : 이븐할둔

야만족의 침략
비잔틴 제국, 새로운 로마
아랍 인들
어둠의 세계
교회의 권력
십자군
마르코 폴로의 여행
흑사병

세계사를 보는 방법

인물 정리

신세계
(16세기와 17세기)

레오나르도 다빈치 | Leonardo da vinci, 1452~1519

세 번째 여행의 안내자는 레오나르도 다빈치야. 들어 본 적 있니?
'그럼요, 잘 알고 있어요.'라는 대답 소리가 들리는 듯하네.
그런데 정말로 잘 알고 있을까?
화가로 알려진 레오나르도가 회화, 조각, 건축, 수학, 과학, 음악,
철학에 걸쳐 얼마나 다양한 일을 하면서 살았는지 안다면, 아마
입이 떡 벌어질 거야.
레오나르도 다빈치라는 이름에서 알 수 있듯이 그는 이탈리아
피렌체 근처에 있는 빈치라는 마을에서 태어나 르네상스
중심지인 피렌체에서 활동했단다. 그는 피렌체뿐만 아니라
밀라노에서도 오래 살았지. 그 당시 화가들은 한 지역에서만
활동하지 않고 자신을 부르는 지역, 또는 자기가 일하고 싶은
곳을 소개장을 들고 직접 찾아가기도 했단다.
밀라노에는 레오나르도의 흔적이 여기저기 남아 있는데
'최후의 만찬'이 그려진 장소도 이곳에 있지. 그럼 레오나르도가
밀라노에서 삶을 마쳤을까? 아니야. 나이가 든 그는 프랑스
왕의 초청을 받아서 프랑스로 갔고, 그곳에서 죽었지. 그는
마지막까지 지니고 있던 '모나리자' 그림을 프랑스 왕에게
선물했어. 그래서 '모나리자'는 레오나르도가 태어난 이탈리아가
아닌 프랑스 루브르 박물관에 걸려 있게 되었지.

레오나르도 다빈치 | Leonardo da vinci, 1452~1519

세르지오의 역사 여행은 마법 같았어요. 여행 가방을 준비할 필요도 없고, 비행기나 우주선을 탈 필요도 없었어요. 마법처럼 신비로운 방법이지만 아주 간단했어요. 세르지오는 자신을 찾아오는 안내자들의 설명을 들으며 창문 밖을 바라보기만 하면 됐어요. 그 창문 너머로 과거에 일어났던 이야기들이 영화처럼 펼쳐졌어요.

헤로도토스 할아버지는 창문을 통해 고대 이집트, 그리스, 그리고 로마의 역사적 순간들을 보여 주셨죠. 터번을 두른 이븐할둔은 로마의 멸망과, 그 이후 기독교와 이슬람교가 어떻게 역사를 이끌어 갔는지 보여 주었어요. 세르지오는 정말 신기했어요. 눈앞에 펼쳐지는 역사 속 장면들이 지금 일어나고 있는 것처럼 생생했거든요. 특히 노예로 팔려 가는 소년 십자군들의 모습은 너무 가여워서 차마 볼 수가 없었어요. 세르지오는 역사란 책에 나오는 옛날이야기라고만 생각하고 있었어요. 그런데 안내자들이 보여 주는 역사는 분명히 누군가의 결단, 희생, 노력으로 이루어진 하루하루였어요. 세르지오는 이런 깨달음을 얻고 이븐할둔과 아쉬운 작별을 했습니다. 이븐할둔은 또 다른 세계를 보여 줄 안내자가 올 거라는 말을 남기고 떠났습니다.

다음 날 세르지오가 학교에서 돌아오자, 세 번째 역사 안내자가 창가에서 기다리고 있었습니다. 그는 고대 마법사 같았어요. 길고 흰 머리 사이로 보이는 이마에 주름이 잔뜩 잡혀 있고, 턱수염은 눈 덮인 하얀 숲 같았습니다.

"나는 1452년 이탈리아 피렌체에서 태어난 르네상스 시대의 예술가란다."

세르지오는 멋진 흰 수염을 휘날리는 레오나르도 다빈치를 정신없이 쳐다보았어요.

'르네상스'라는 말을 처음 들어 본 세르지오는 조금 머뭇거리며 레오나르도에게 인사했습니다. 세르지오의 생각을 알아차린 레오나르도는 온화한 목소리로 르네상스에 대해서 차분하게 설명해 주었어요.

"르네상스가 무엇인지 잘 모를 수도 있겠구나. 르네상스는 14세기 후반부터 15세기 전반에 걸쳐 이탈리아를 중심으로 유럽에서 유행한 새로운 문화 운동이란다. 르네상스는 우리가 사는 세상을 설명하는 지식에 대한 갈망에서부터 시작되었다고 할 수 있지. 앞선 시대와는 다른 세계를 바라보는 르네상스 정신은 그야말로 대단한 모험이었어. 그 눈부신 모험의 선두에 내가 있었지."

레오나르도는 자랑스러운 눈빛으로 세르지오를 바라보았어요.

"나는 그림 그리는 데 뛰어난 재능을 가지고 있었어. 1503년 피렌체에서 그린 '모나리자'는 전 세계에서 가장 유명한 초상화가 되었어. 지금은 파리 루브르 박물관에 있단다."

창밖으로 '모나리자'라는 그림이 보였어요. 모나리자의 섬세하고 신비로운 미소를 본 세르지오는 기분이 좋아졌습니다. 레오나르도 다빈치가 이렇게 아름다운 그림을 그리다니! 세르지오는 레오나르도가 어떤 사람인지 궁금해졌어요.

"나는 그림 그리는 것 말고도 많은 것을 했단다. 내가 살던 시절에는 그림 그리는 화가라도 붓 이외에 조각칼, 건축가의 컴퍼스, 대포 만드는 사람의 기구까지도 능숙하게 다루곤 했어. 나는 화가이면서 조각가, 건축가, 철학자, 시인, 음악가, 식물학자, 수학자, 엔지니어, 무기 설계사였어."

이 말을 듣고 세르지오가 깜짝 놀라자 레오나르도는 웃으면서 이야기를 계속했어요.

"밀라노의 공작이었던 루도비코 스포르차가 15년 넘게 나를 경제적으로 후원해 주었어. 그 전까지 나는 피렌체에서 가장 부유한 메디치 가문을 위해서도 일하고, 로마냐의 강력한 군주였던 체사레 보르자를 위해서도 일했단다. 나는 그런 사람들의 후원을 받으며 매 순간 더 많은 것을 배우고, 만들며, 연구했어. 그런 열정 때문에 내 연구실은 그림과 액자, 새와 식물, 발명품과 도면, 고대의 책과 내 생각을 적은 메모지로 가득했지."

세르지오는 열정적으로 이야기하는 레오나르도를 바라보았어요.

"나는 새로운 것에 대해 알고 싶다는 열망과 이전까지 존재하지 않았던 것을 창조하려는 욕구가 대단했어. 이 두 가지는 떼려야 뗄 수 없었지. 그래서 산에 터널을 뚫을 생각도 하고, 최초로 하늘을 나는 기구를 설계하기도 한 거야."

"하늘을 나는 기구요?"

세르지오가 깜짝 놀라며 되물었어요. 하지만 레오나르도는 아쉬움이 가득한 표정으로 말했어요.

"그것은 지금의 헬리콥터와 비슷한 거야. 기구를 완성하지 못해서 그것이 실제로 날 수 있었는지는 잘 모르겠구나. 완성하지 못한 것들은 잊자! 그 대신 인쇄기와 망원경에 대한 이야기, 아메리카 발견, 로마 교황에 맞선 루터, 술레이만 대제의 이야기를 해줄게. 내가 젊은 시절을 보낸 활기찬 도시 피렌체의 이야기도 함께 말이다."

레오나르도는 눈을 지그시 감고 지난 시절을 떠올렸어요.

피렌체

"15세기 피렌체에는 성당을 비롯한 아름다운 건축물과 광장이 많았단다. 예술가들도 넘쳐 났지. 그 어디서도 볼 수 없었던 웅장한 도시였어. 그 당시 이탈리아에서 최고 부자 도시로 꼽히던 베네치아조차도 피렌체의 웅장함을 따라올 수 없었단다."

세르지오의 눈앞에 피렌체에 있는 거대하고 둥근 지붕의 산타 마리아 델 피오레 성당(두오모 성당)이 나타났습니다. 성당 옆으로는 아르노 강이 천천히 흘렀습니다. 유유히 흐르는 강을 바라보며 회상에 잠겨 있던 레오나르도가 말문을 열었습니다.

"피렌체는 돈, 권력, 지성이 흘러넘치는 도시였어. 작은 공장에서 양털과 비단을 만들면 상인들이 먼 나라까지 가서 팔았단다. 상업이 번성하자 은행가들도 많아져서 피렌체의 화폐는 거의

2세기 동안 유럽의 상업을 지배했지. 경제적 안정과 함께 피렌체의 지식인들은 끊임없이 새로운 지식을 탐구하고 토론했어. 바로 그런 도시 피렌체에서 르네상스가 시작되었단다.”

세르지오는 창밖으로 피렌체를 보았어요. 언제쯤 직접 가 볼 수 있을지……. 레오나르도는 계속 이야기했어요.

“새로운 것을 중요하게 생각하기 시작한 피렌체 사람들이 르네상스를 일으켰지. 프란체스코 페트라르카와 조반니 보카치오는 1350년에 피렌체에서 만났단다. 이들에게는 당시 신 중심이었던 유럽 문화가 지루하고 우울했어. 그들은 고대 그리스와 로마 문화에 많은 호기심을 가졌단다. 페트라르카와 보카치오는 로마와 그리스 이야기를 나누며 우정을 쌓아 갔어. 그리스의 철학자 소크라테스와 로마의 시인 베르길리우스의 인간 주도적이고 자유로운 정신을 되새겼지. 고대 아테네 인의 지식을 직접 발견하려고 그리스 어도 배웠지. 두 사람은 남유럽을 돌아다니면서 도서관에 묻혀 있던 옛 문헌들을 한 장 한 장 들추었어. 그들은 고대 예술 작품들이 이탈리아 수도원에 숨겨져 있다고 믿기도 했어.”

세르지오는 페트라르카와 보카치오가 보물 사냥꾼 같다고 생각했어요. 금과 보석 대신 책을 찾으러 다녔지만 말이죠.

   시대를 대표하는 길라잡이가 안내하는 세계사

"그건 시작에 불과했어. 두 사람의 뒤를 이어 많은 피렌체 지식인들이 예루살렘의 성지보다 아테네와 로마에 더 흥미를 보였지. 성경보다 예술, 철학을 비롯해 고대 학문을 더 알고 싶어 한 거야. 피렌체 사람들은 로마와 그리스 시대에 관한 것이라면 무엇이든 열광했어. 이탈리아 여기저기에 폐허로 남은 웅장한 조각과 건물들도 좋아했지. 15세기 피렌체의 유명한 조각가인 도나텔로는 로마에 가서 그리스 조각상을 보고 인체 비례를 조사했어. 그의 친구인 건축가 필리포 브루넬레스코는 로마의 신전을 연구했지."

세르지오 눈앞에 아름다운 그리스 조각상들이 파노라마처럼 지나갔습니다.

"예술과 학문이 크게 발전했던 15세기 피렌체에 훌륭한 화가와 조각가들이 많았단다. 세르지오, 이제부터 네 눈앞에 인류 역사상 손꼽히는 뛰어난 예술가들이 한가로이 걸어 다니는 모습이 나타나더라도 놀라지 마라."

레오나르도는 눈을 감고 활기찬 피렌체의 모습을 상상했습니다.

"예술 분야에서는 피렌체가 최고였어. 아름다운 그림과 조화로운 건축, 조각 작품을 남긴 피렌체 예술가들은 지식인과 함께 르네상스를 이끌어 갔지. 당시 로마 교황청에서 명성이 높았던 예술가들 대부분이 피렌체 출신이었어. 피렌체 사람인 미켈란젤로가 로마의 바티칸 성 베드로 대성당에 있는 시스티나 예배당 천장에 그림을 그렸어. 얼마나 웅장하고 아름다운지 지금도 그 천장화를 보려는 관광객의 발길이 끊이지 않는단다.”

레오나르도는 저 멀리 보이는 피렌체의 시뇨리아 광장을 가리켰습니다. 시뇨리아 광장은 국가의 문제를 결정하기 위해 피렌체 사람들이 모이던 곳입니다. 그곳에 있는 거대한 조각상들을 본 세르지오의 눈이 휘둥그레졌습니다. 도나텔로의 작품인 ‘유디트’가 홀로페르네스의 목을 베고 있고, 첼리니의 작품인 ‘페르세우스’는 머리카락이 뱀인 메두사의 머리를 높이 치켜들고 있었어요. 잠 볼로냐의 작품인 ‘헤라클레스’는 켄타우로스와 싸웠고, 미켈란젤로의 ‘다비드’는 힘과 아름다움을 보여 주었습니다.

“고대 유적지에 대한 호기심, 아름다운 물건, 책과 예술에 대한 열정이 사방으로 퍼져 나갔지. 이런 새로운 것이 알려지는 데 중요한 역할을 한 것이 인쇄술이란다.”

“인쇄술이오?”

세르지오는 인쇄술이 어떤 역할을 했을까 궁금했어요. 세르지오의 생각을 알아챈 레오나르도는 인쇄술에 관한 이야기를 시작했어요.

"인쇄술은 컴퓨터만큼이나 놀라운 발명이었지. 인쇄술은 지식을 저장하고 전파하는 방식을 변화시켰어. 1453년 요하네스 구텐베르크라는 독일 사람이 유럽에서 성경책을 인쇄했단다. 인쇄술이 사용되기 전까지는 사람이 일일이 손으로 써서 책을 만들었어. 성경 한 권을 베껴 쓰려면 거의 15개월이 걸렸단다."

"책 한 권을 만드는 데 시간이 그렇게 오래 걸리나요?"

세르지오는 놀랐습니다.

"그렇지? 너무 오래 걸리지? 손으로 글씨를 하나하나 다 써야

하고 그림을 그렸기 때문이란다. 글씨를 손으로 쓰지 않고 인쇄한다는 것은 책을 더 빨리, 더 많이 만든다는 것을 의미하는 거야. 손으로 글씨를 써서 책을 만드는 것과는 다른 방법이겠지? 우선 글자 틀을 만들고 그 틀에 쇠를 녹인 쇳물을 부어 활자를 만든단다. 활자를 짜 맞추어 낱말을 만들어 문장을 완성해. 이런 식으로 반복하여 책을 빠르게 만드는 거란다.”

“재미있는 작업이네요!”

세르지오는 창밖으로 구텐베르크의 작업실을 보며 레오나르도의 이야기를 들었습니다.

“인쇄술은 지식을 퍼뜨리는 데 많은 역할을 했단다. 비쌌던 책 가격이 내려가자 많은 유럽 인이 책을 사서 글 읽는 법을 배웠어. 책 만드는 사람들은 책을 팔려고 서로 경쟁했고 말이야. 피렌체의 예술가들처럼 인쇄술은 중세시대가 지나가고 새로운 시대가 다가오는 것을 알려 주었어.”

대항해 시대

"15세기에 이르자 유럽에 미지의 세계에 대한 새로운 바람이 불어왔어. 이런 새로운 바람을 경험한 유럽 인들은 자신들이 살고 있는 세계를 벗어나 모험과 여행을 떠나고 싶었어."

레오나르도는 새로운 역사가 시작되었다는 것을 알려 주었어요.

"13세기에 마르코 폴로가 유럽 사람들에게 더 넓은 세상을 알게 해 준 것을 기억하니? 내가 모나리자의 초상화를 완성하기 직전에 에스파냐와 포르투갈의 탐험가들은 새로운 세상을 여행했어. 그들의 발견 덕분에 사람들이 세상에 대해 가지고 있던 생각이 바뀌기 시작했단다. 오랜 시간 동안 유럽 인에게 알려지지 않았던 새로운 땅과 바다가 모습을 드러낸 거야."

레오나르도는 탐험가들에 대한 이야기를 세르지오에게 들려주었어요.

"유럽의 가장 서쪽, 대서양과 맞닿은 곳에 포르투갈이라는 작은 나라가 있었어. 에스파냐 바로 옆에 있는 포르투갈은 항해 기술을 이용해서 새로운 바닷길을 개척했단다. 그 당시 사람들은 대서양은 끝이 없으며 괴물로 가득 찬 곳이라고 믿었지. 따라서 지리학자조차 배를 타고 대서양을 지나 아프리카 해안까지 항해하는 것은 불가능한 일이라고 생각했어."

"지리학자요? 지리학자는 무슨 일을 하는 사람인가요?"

"지리학자란 말이다, 바다와 강, 도시와 산, 사막이 어디 있는지 연구하고 밝히는 학자란다. 그런데 그런 일은 직접 탐험해야만 정확히 알 수 있는 일이지."

레오나르도는 포르투갈에 대한 이야기로 다시 돌아갔어요.

"포르투갈의 엔히크 왕자는 자신의 나라를 강력한 해양 국가로 만들고 싶어 했어. 그는 대서양을 탐험하겠다는 꿈을 갖고 있었어."

세르지오는 엔히크 왕자가 항해를 무척 좋아하는 사람이었다는 생각이 들었어요. 그런데 레오나르도의 다음 이야기는 세르지오의 기대와는 완전히 다른 이야기였어요.

"엔히크 왕자는 1415년 북아프리카에 있는 이슬람교도들의 도시인 세우타와의 전쟁으로 배를 타 본 것 말고는 배를 탄 적이 없었단다. 신기하지? 엔히크 왕자는 이렇게 짧은 항해만 해 봤으면서 평생을 지도를 만들고 항해자를 지원하는 데 노력을 아끼지 않았단다. 비록 항해를 많이 해 보지는 않았지만, 이런 열정 때문에 사람들은 그를 '항해의 왕자 엔히크'라고 부른단다."

레오나르도는 엔히크 왕자가 왜 바다 너머 세계에 그렇게 호기

심을 가지고 열정을 쏟았는지 얘기해 주었어요.

"엔히크 왕자가 북아프리카 세우타에 머물던 시절, 그는 아프리카 사하라 사막 너머에 보물로 가득 찬 땅이 있다는 이야기를 들었어. 그것은 먼 옛날 파라오 시대에 아프리카와 아라비아 반도 사이에 있는 홍해를 출발한 페니키아 함대가 지중해를 지나 대서양으로 나가는 길목에 있는 지브롤터 해협을 통과해서 대서양을 항해하고 2년 뒤에 돌아왔다는 이야기였어. 엔히크 왕자는 그 이야기가 사실인지 아닌지 정말 궁금했어. 대서양이 그 당시 유럽의 지리학자들 생각처럼 항해할 수 없는 곳이 아니라 혹시 새로운 땅을 향한 길이 아닐까 하고 생각했지. 이런 의문을 잔뜩 품은 엔히크 왕자는 1419년 포르투갈의 궁전을 떠나 유럽의 서쪽 끝 경계선인 세인트 빈센트 곶에 천문대와 항해 연구소를 세웠어."

세르지오는 눈앞에 펼쳐지는 파란 바다를 넋을 잃고 바라보았습니다.

"엔히크 왕자는 바다를 향한 여행을 위해 만반의 준비를 갖췄어. 책과 지도를 닥치는 대로 모으고 아랍과 유대 학자들로 하여금 최고의 장비와 항해용 지도를 제작하게 했어. 엔히크 왕자는 항해에서 돌아온 선원들에게도 궁금한 점을 빠짐없이 질문했고,

그렇게 모은 자료를 차곡차곡 쌓아 두었지. 포르투갈의 탐험가들은 아프리카의 북서쪽 해안에서 남쪽으로, 점차 더 먼 곳으로 항해했단다.”

레오나르도는 멀리 대서양의 파란 바다로 사라지는 한 척의 배를 보았습니다.

“엔히크 왕자는 1460년에 죽음을 맞이하지만, 더 넓은 세상

을 탐험하고자 했던 그의 꿈은 포르투갈 탐험가들에 의해 하나하나 이루어졌단다. 수많은 탐험을 해 왔던 바르톨로메우 디아스는 1488년 아프리카 최남단에 도착했어. 디아스는 그곳을 '폭풍의 곳'이라고 이름 붙였으나, 그 뒤에 포르투갈 왕 주앙 2세가 '희망봉'이라는 이름으로 바꿨단다. 1498년에 바스쿠 다가마는 배를 타고 아프리카 남단을 지나 인도에 도착했어. 그는 배를 타고 인도로 간 최초의 유럽 인이었어. 인도까지 항해할 수 있다는 것을 포르투갈이 보여 준 거야. 포르투갈 시인 카몽이스가 '세상이 더 넓다면, 그곳도 포르투갈이 발견했을 것이다.'라는 시를 썼을 정도니까."

세르지오는 '배를 타고 망망대해를 지나 알려지지 않은 땅으로 여행한다는 것이 어떤 기분일까?' 하고 잠시 생각해보았습니다. 레오나르도는 이런 생각에 빠져 있는 세르지오를 상냥한 목소리로 불렀습니다.

"세르지오야, 그 당시 유럽 인들이 상상하지도 못했던 새로운 땅에 도착한 사람이 있었단다. 바로 이탈리아 항해가였던 콜럼버스야. 그가 도착한 곳은 유럽 인들에게는 진짜 신대륙이었어. 그 일은 에스파냐 이사벨 여왕의 도움으로 해낼 수 있었지."

     시대를 대표하는 길라잡이가 안내하는 세계사

“콜럼버스요?”

세르지오는 콜럼버스라는 이름을 들어 본 적이 있었습니다. 레오나르도는 콜럼버스의 항해에 대해서 더 자세하게 이야기해 주었습니다.

“1492년 8월, 콜럼버스는 동방에 가기 위해 세 척의 배를 이끌고 바다로 나갔단다. 같은 해 10월, 그중 한 척의 배로부터 육지를 발견했다는 연락이 왔어. 콜럼버스는 그곳이 아시아에 있는 인도 근처의 섬일 거라고 믿었어. 마르코 폴로가 책에 썼던 보물이 가득한 땅, 인도 말이야. 하지만 콜럼버스는 잘못 알았어. 그곳은 인도가 아니라, 지금의 아메리카 대륙 근처 섬이었지.”

레오나르도는 창밖으로 분주하게 움직이는 배들을 바라보며 이야기했습니다.

“포르투갈의 항해자 바스쿠 다가마의 여행으로 유럽과 아시아 항로가 연결되고, 콜럼버스의 여행으로 유럽과 아메리카의 항로가 개척되었지. 포르투갈과 함께 에스파냐는 더욱더 대담하게 세계 항로 개척에 뛰어들었단다. 포르투갈 출신 마젤란과 에스파냐 출신 엘카노는 1519년에 에스파냐를 출발하여 3년 만에 지구를 한 바퀴 돌았어. 지구가 둥글다는 사실을 증명한 거야. 비로소 바다의 모양이 어떤지 알 수 있게 되었지.”

"배를 타고 세계 일주를 하다니, 정말 대단한 모험이었군요."

누구도 알려 주지 않은 미지의 바닷길을 항해한 마젤란과 엘카노를 떠올리며 세르지오가 말했어요.

"당시에는 아프리카를 돌아서 아메리카로 가거나, 지구를 한 바퀴 돌려고 배를 탄다는 것은 미친 짓이라고 생각했어. '기도하는 법을 배우고 싶다면 바다로 가라.'라는 포르투갈의 속담만 봐도 당시 항해가 얼마나 위험한 것이었는지 알 수 있을 거야. 바다에는 폭풍과 질병, 해적을 비롯한 알 수 없는 공포가 도사리고 있었기 때문이야. 그런 여행에서 살아남을 가능성은 매우 작았단다. 1519년 마젤란을 따라나섰던 270명의 선원 중 겨우 18명만 살아서 돌아왔으니까. 마젤란도 항해 도중 필리핀 원주민과 싸우다 독화살을 맞고 죽었거든."

세르지오는 서로 싸워야 했던 마젤란과 필리핀 원주민들을 생각하니 왠지 슬픈 생각이 들었습니다.

"역사의 새로운 시도들은 땀과 눈물과 피로 이루어진단다."

레오나르도 역시 생각에 잠기는 듯한 깊은 눈빛으로 세르지오를 바라보며 말했습니다.

분열

다음 날 레오나르도가 찾아왔습니다.

"오늘은 중세 유럽 인들의 정신을 강력하게 지배했던 기독교가 어떻게 변화했는지 얘기해 주마. 중세 시대 유럽 인들은 가톨릭교회를 두려워하면서도 동시에 헌신하며 신성하게 여겼어. 그 바탕에는 로마 교황의 권위가 있었지. 혹시라도 교회에 불평과 비판을 하는 사람이 생기면 교회의 권위로 재빠르게 잠재워 버렸어. 황제조차도 교황의 권력에 벌벌 떨 정도였으니까. 하지만 15세기와 16세기에 학자들의 새로운 생각이 교회에 대한 맹목적인 복종을 흔들어 놓았어. 새로운 생각을 가진 학자들은 하늘의 비밀도 땅의 비밀처럼 밝힐 수 있다고 말했어."

세르지오 방의 창 너머로 맑고 파란 하늘이 펼쳐지며 로마가 나타났습니다.

"당시 로마 교황들은 예수의 말씀을 전하는 것보다는 자신의 야망을 채우기에 바빴단다. 에스파냐 출신 교황 알렉산데르 6세는 1492년부터 1503년까지 교황 자리에 있으면서 오직 권력의 야심에만 몰두했던 교황으로 유명하지. 교황 율리우스 2세는 막대한 돈을 들여 웅장한 건물과 미술 작품으로 로마를 가득 채웠단다. 위대한 건축가 브라만테에게 성 베드로 대성당을 다시 짓도록 했고, 미켈란젤로에게는 시스티나 소성당에 천장화를 그리게 했지."

세르지오 눈앞에 나타난 시스티나 소성당 천장화에는 성경 이야기가 웅장하게 그려져 있었습니다.

"그런데 이 시기에 루터라고 하는 독일의 수도사가 로마 교회의 부패에 대해 항의했지. 루터는 영혼의 목자가 되어야 할 교황들이 사치스럽게 생활하면서 속세의 권력을 늘리는 데에만 관심을 갖는 것이 불만이었어. 또한 교회가 신자들에게 면벌부를 팔아 돈을 버는 것도 참을 수 없었지. 면벌부를 사면 죄에 대한 벌을 면할 수 있다니! 루터는 오직 믿음을 통해서만 죄를 용서받을 수 있다고 생각했어. 예수의 가르침에 어긋나는 교회의 메시지는 무조건 수용해서는 안 된다고 했지. 루터는 '성경에 있는 말씀만

믿을 수 있다!'고 외쳤어. 또 '성경 속의 하느님 뜻을 제대로 연구해야 한다!'고 주장했단다.”

레오나르도의 다음 이야기는 더욱 놀라웠습니다.

“1517년에 루터는 면벌부에 항의하는 자신의 주장을 95개의 조항으로 조목조목 써서 독일의 비텐베르크 교회 문에 붙였단다. 교회에 항의하는 내용을 교회 문에 붙이다니! 대단하지? 순수하고도 강렬했던 루터의 생각은 인쇄술에 힘입어 번개처럼 유럽 곳곳으로 퍼져 나갔어. 항의를 계속하면 교회에서 추방하겠다는 교황의 협박도 소용없었지. 루터는 교황에게 이렇게 대답했어. '내 양심은 하느님의 말씀에 사로잡혔소. 따라서 내 말을 바꿀 수 없소. 양심을 거스르는 행동은 위험할 뿐 아니라 현명한 것이 아니

기 때문이오.'라고 말이야."

세르지오는 강한 인상에 날카로운 눈매를 가진 수도사가 설교하는 모습을 보았습니다. 사람들은 그의 말에 감동받은 표정이었습니다.

"루터의 주장으로 유럽의 기독교는 두 개로 나뉘었단다. 그야말로 기독교 세계가 둘로 분열되어 버린 거지. 유럽의 지배자들은 둘로 나뉜 기독교 중 하나를 선택해야 했어. 루터를 따라 개신교도가 될지, 아니면 교황을 따라 가톨릭교도가 될지 말이야. 이렇게 둘로 갈라진 유럽에 야만적인 종교 전쟁이 불어 닥치게 된단다."

세르지오는 이슬람교도와 기독교도가 싸웠던 십자군 전쟁이 떠올랐습니다.

"신의 이름으로 또 전쟁을 하다니!"

레오나르도는 한숨을 쉬었어요.

"1546년 루터가 죽은 뒤에도 종교적 갈등은 누그러질 기미가 보이지 않았어. 100년이 넘는 세월 동안 독일, 네덜란드, 벨기에, 영국에서 가톨릭과 개신교(프로테스탄트) 사이에 싸움이 끊이질 않았단다. 프랑스에서 일어난 종교 갈등은 아주 끔찍했어. 바르톨로메우 성인의 축일을 기점으로 가톨릭교도들이 프랑스 개신교도들인 위그노를 학살하는 참사가 일어났단다. 가톨릭교도는 하룻밤에 8,000명의 개신교도를 죽이기도 했어. 하지만 개신교도들도 물러서지 않고 복수했어. 가톨릭 군대와 개신교 군대들이 마을에서 마을로, 도시에서 도시로 전진했어. 프랑스 인끼리 서로 양보하지 않고 잔인하게 싸웠던 거야.”

세르지오와 레오나르도의 눈앞에서 수백 명이 고문을 당하고,

교수형을 당하고, 목이 베이고, 불에 탔습니다. 레오나르도의 눈가에 슬픔이 어렸습니다.

"1540년에서 1648년까지 유럽에서는 끊이지 않고 전쟁이 일어났지. 그중에서 가장 끔찍했던 것은 '30년 전쟁'이었어. 1618년에 시작된 30년 전쟁 역시 종교 갈등이 원인이었고, 결국 유럽의 많은 왕국이 이 전쟁에 개입하게 된단다. 주로 독일 지역에서 전쟁을 했지만 말이다."

레오나르도는 그 전쟁으로 독일 지역에 살던 사람들이 겪었던 고통에 대해서 이야기해 주었어요.

"그곳에서 발견된 기도문에 이렇게 적혀 있단다. '주님, 저들을 전쟁과 굶주림과 역병에서 구하소서.'라고 말이야. 1618년부터 1648년까지 30년 전쟁이 진행되는 동안, 독일 사람들은 굶주림과 역병에 시달렸어. 군대에 짓밟혀 황폐해진 독일의 인구는 삼분의 일이나 죽고 말았지."

오스만 제국

레오나르도는 가톨릭교의 부패에 항의하는 개신교가 생겨나기 전에 유럽 동쪽의 기독교 세계도 큰 변화를 겪었다고 이야기했습니다.

"세르지오, 유럽의 동쪽 지역 이야기도 해 주마. 비잔틴 제국이 있었던 곳 말이다. 30년 전쟁으로 독일이 황폐해지기 200년 전, 콜럼버스가 아메리카 대륙에 도착하기 39년 전, 보카치오와 페트라르카가 고대의 지식을 부활시키려는 꿈을 꾸고 있었던 1453년에 이슬람교도였던 오스만 튀르크 사람들이 콘스탄티노플을 공격하기 시작했어."

레오나르도는 새로운 이야기를 시작했습니다.

"비잔틴 제국은 6세기 유스티니아누스 대제가 통치했을 때 가장 번성했어. 제국은 콘스탄티노플이 있는 소아시아에서부터 서유럽, 아프리카 북부에 이르는 넓은 영토를 차지했단다. 그러나 제국의 세력을 더는 펼치지 못하고 그 이후 점점 약해지고 말아. 12세기에 이르러서 비잔틴 제국은 소아시아 지역으로 축소되었고, 15세기에는 오스만 튀르크 군대에 당하게 되지."

그 순간 우레와 같은 소리가 들렸습니다. 오스만 튀르크 군인

들이 소리를 지르며 콘스탄티노플의 성벽을 공격했어요. 나팔과 피리를 불고 북을 울리면서 말이죠. 거리와 사원, 성전이 피로 물들었습니다.

"1453년 5월 29일, 콘스탄티노플은 오스만 제국에 무릎을 꿇고 말았어. 오스만 제국은 이슬람 국가였어. 대대로 이슬람 국가는 기독교 국가와 사이가 좋지 않았지. 술탄 메메트 2세도 동로마 제국의 마지막 수도였던 콘스탄티노플을 통치하려는 야망이 대단했어. 결국 그 꿈은 이루어졌고 술탄 메메트는 죽기 전에 이슬람교의 지배를 받는 콘스탄티노플을 의기양양하게 지켜볼 수 있었지. 그곳이 지금의 이스탄불이란다."

세르지오의 눈앞에 커다란 양탄자를 타고 날아온 것 같은 도시가 펼쳐졌어요. 아름다운 이스탄불이었습니다. 성 소피아 대성당의 둥근 지붕이 보이고, 술탄 아흐메드 모스크 옆으로 탑이 솟아 있었어요. 바다 쪽으로는 술탄의 궁전인 톱카프가 있었습니다. 궁전은 부엌과 정원, 안뜰과 넓은 거실이 있었고, 음악가와 노예, 심지어 사형 집행인이 쓰는 방도 있었어요. 생활에 필요한 모든 것을 갖춘 대단한 규모의 궁전이었어요.

"콘스탄티노플이 오스만 제국의 손에 넘어갔다는 사실이 유럽에 알려지자 유럽 인들은 공포에 휩싸였어. 콘스탄티노플이 이슬람교 세력의 지배에 들어갔다는 소식이 로마, 베네치아, 심지어 피렌체에까지 도달했지만, 누구도 돕겠다고 나서지 않았어. 이제 오스만 제국은 유럽으로 들어가는 열쇠를 가진 셈이 된 거야."

세르지오는 오스만 제국이 유럽을 장악하게 될지, 아니면 유럽 인들이 힘을 모아 오스만 제국을 막아 낼지 궁금했습니다.

"콘스탄티노플을 점령한 오스만 제국은 유럽의 위협적인 존재가 되었어. 오스만 제국은 바로 이웃에 있는 발칸 반도를 점령한 뒤 유럽 남동부에 있는 도나우 강까지 올라갔어. 그리고 아라비

아와 이집트까지 점령했지. 1520년 술레이만 대제의 오스만 제국은 도나우 강에서 나일 강까지 장악했단다. 술레이만은 오스만 제국의 가장 위대한 술탄이었어. 거대한 제국을 넓히고 또 넓혔지. 이란을 정복하여 바그다드를 차지하고, 막강한 함대를 이용해 지중해 동쪽을 손에 넣었어. 그다음유럽으로 눈을 돌렸어. 유럽 동쪽에 있는 도나우 강으로 군대를 보내 1526년에 헝가리 군대를 무찔렀지. 오스만 제국은 승리에 승리를 거듭하며 빈까지 도달했단다.”

“오스만 제국을 아무도 못 막았어요?”

"그랬단다. 빈 시민들은 당시 신성 로마 제국의 황제였던 카를 5세에게 도움을 청했어. 카를 5세는 에스파냐와 네덜란드, 이탈리아, 독일, 발트 해 주변에서 보헤미아까지 통치하던 가톨릭 왕가의 자손이었어. 그는 독일 지역의 제후들에게 도움을 청해 술레이만의 공격을 막을 계획을 세웠어. 술레이만 대제는 빈을 공격하기 직전 국경 지대에서 시간을 너무 오래 끌었고, 게다가 겨울이 다가왔기에 평화 협정을 맺고 철수할 수밖에 없었지."

레오나르도는 이스탄불을 바라보았습니다.

"술레이만 대제가 헝가리 원정 도중 병사한 지 5년 후인 1571년에 레판토 앞바다에서 오스만 제국과 유럽의 가톨릭 연합국이 한판 승부를 벌였지. 당시 교황이었던 비오 5세는 십자군의 이상을 일깨워 오스만 제국에 맞서 싸울 동맹을 결성하기로 했지. 로마, 베네치아, 에스파냐가 참가했고 에스파냐 왕 펠리페 2세의 동생인 카를로스 데 아우스트리아가 가톨릭 연합군을 이끌었지. 레판토 해전에서 가톨릭 함대가 오스만 제국의 함대와 싸워 승리를 거두었어. 이 전투에 〈돈키호테〉의 저자인 세르반테스도 참전했단다. 결국 가톨릭 동맹국이 승리하여 오스만 제국이 유럽으로 들어오는 걸 막을 수 있었어."

레오나르도는 오스만 제국 이야기를 마무리했습니다.

“술탄 메메트 2세와 술레이만 대제의 오스만 제국은 레판토 해전에서 져서 유럽 중심부로의 진출이 실패했단다. 하지만 레판토 해전에서 졌다고 제국의 세력이 금세 약해지지는 않았어. 한동안 발칸 반도는 오스만 제국의 지배를 받았지. 그러다 18세기 무렵부터 제국은 서서히 내리막길을 걷기 시작했어. 19세기에 이르자 오스만 제국의 지배를 받던 나라들이 하나둘 독립을 하고 오스만 제국은 날이 갈수록 약해지다 1922년에 결국 대제국의 불이 꺼지고 말았지.”

과학

"유럽을 위협하던 오스만 제국도 약해졌고, 그 뒤 유럽은 어떻게 되나요?"

세르지오는 유럽이 오스만 제국의 지배를 받았다면 지금 유럽 사람들이 어떤 모습으로 살아가고 있었을까 궁금하기도 했어요. 레오나르도는 유럽이 발전하는 데 과학이 큰 영향을 주었다고 했어요.

"17세기 유럽에서는 과학이 발달했단다. 이런 과학의 발달은 유럽의 발전에 박차를 가했어. 그런데 이 모든 것은 항해와 함께 시작되었다고 할 수 있어. 항해자들은 세상을 둘러보고 세상에서 일어나는 일에 대해서 새로운 생각을 갖고 접근했어. 그동안 의문을 품지 않았던 것이 궁금해지기 시작했지. 별이 어떻게 움직

이는지, 부서진 돌이 왜 아래로 떨어지는지, 하늘로 쏜 화살이 어떻게 위로 날아가는지에 대한 것들 말이야. 콜럼버스, 바스코 다 가마, 마젤란과 같은 항해자들과 과거 지식에 머무르지 않는 학자들이 등장했지. 그들은 '물론 그 이유가 책에 있지. 이미 아리스토텔레스가 말했고, 성경에도 있지. 하지만 내가 직접 알아봐야 해!'라고 말했단다."

레오나르도는 눈을 반짝이며 말했어요.

"이 시기는 세상에 변화를 가져온 중요한 때였어. 오늘날 우리가 과학이라고 부르는 방식으로 자연을 관찰하고, 측정하는 법을 발전시킨 시기였지."

레오나르도는 피렌체에서의 생활을 떠올렸어요. 새를 보고 하늘을 나는 장치를 만들던 시절의 모습 말이죠. 사실 과학자가 탐구하는 마음을 갖는 것은 당연한 것이지요.

"과학은 16세기에 갈 길을 못 찾고 멈춰 있던 유럽에 불을 밝혀 길을 찾아 걷게 해 주었지. 그렇게 과학 탐구의 길이 열리자 이전에는 알지 못했던 자연 현상에 대한 새로운 사실들이 속속 밝혀졌어. 인쇄술 덕분에 항상 새로운 소식에 목말라하던 사람에게 발견에 대한 새로운 소식이 바로 전해졌단다."

레오나르도는 하늘을 가리켰습니다.

"오랜 세월 동안 인류는 태양과 별이 지구 주위를 돈다고 생각했어. 교황, 왕, 학자, 심지어 탐험가들조차 지구가 유리로 된 거대한 공 한가운데 존재한다고 믿었지. 하지만 폴란드의 천문학자 코페르니쿠스는 그런 생각이 잘못되었다는 것을 알았지."

레오나르도는 코페르니쿠스가 수학과 천문학 분야에 뛰어났으며, 태양과 별, 지구를 연구한 학자라는 것을 알려 주었어요.

"지금이야 지구가 우주의 중심이 아니라 태양의 주변을 도는 하나의 행성이라는 것을 모두가 사실로 인정하지. 당시에는 행성의 움직임에 대한 자료가 없어서 코페르니쿠스는 계산을 이용해 지구가 태양을 돌고 있다는 사실을 알아냈어. 하지만 코페르니쿠스는 겁이 나서 그 사실을 제대로 얘기할 수가 없었어.”

“왜요?”

“코페르니쿠스의 새로운 발견이 성경의 내용과 달랐으니까. 그때는 성경과 다른 이야기를 하면 목숨이 위태로웠던 시대였거든. 예상했던 대로 코페르니쿠스의 새로운 이론이 책으로 나오자 기독교도들은 그의 생각이 터무니없다며 비난했어. 기독교도들은 ‘성경에 무엇이라고 나왔는가?’라고 따지며 성경을 펼쳐 손가락으로 두드리며 이렇게 외쳤어. ‘지구는 우주의 중심이며 움직이지 않는다! 태양과 별이 지구 주위를 돌고 있다!’라고 말이야.”

“하지만 그건 틀린 생각이잖아요.”

세르지오는 마음이 답답했어요.

“지금 우리는 여러 방법으로 지구가 돈다는 것이 증명되어 잘 알고 있지만 그 당시 코페르니쿠스는 계산밖에 보여 줄 게 없었어. 갈릴레오 갈릴레이가 코페르니쿠스의 계산이 거짓이 아니라는 사실을 밝힌 것은 무려 100년이나 지난 뒤였단다.”

“100년이나요?”

“그래. 갈릴레오는 1564년 이탈리아 피사에서 태어나 1646년 피렌체 근교에서 생을 마감한 사람이야. 그는 파도바 대학의 수학 교수이자 위대한 학자였지. 코페르니쿠스가 계산으로 새로운

발견을 증명하려 했다면 갈릴레오는 학자들에게 직접 보여 주며
믿으라고 했단다.”

“직접 보여 주었다고요?”

“갈릴레오는 자신의 생각을 사람들에게 직접 보여 줄 수 있는
막강한 발명품을 가지고 있었지. 바로 망원경이야. 망원경은 콜
럼버스와 마젤란이 바다에서 찾은 새로운 세계 지도를 하늘에서

도 찾게 해 주었지.”

세르지오의 눈앞에 연구소가 나타났습니다. 그곳에서 갈릴레오가 망원경으로 밤하늘을 관찰하고 있었어요.

“갈릴레오는 망원경을 통해 새로운 것을 보았단다. 달에도 지구처럼 산과 계곡이 있다는 사실을 발견했지. 지구가 수천 개의 천체 가운데 하나라는 것도 알아냈어. 태양의 흑점을 보았고, 은하계가 수많은 행성들로 구성되어 있다는 사실도 발견했지. 행성의 움직임을 관찰하면서 코페르니쿠스가 주장했던 지동설이 사실이었다는 것도 확인했어. 하지만 이런 발견을 한 갈릴레오는 살얼음판 위에 서 있는 신세였지.”

“살얼음판이라고요?”

세르지오는 이렇게 위대한 발견을 한 과학자가 위태로운 처지에 놓였다는 것이 안타까웠어요.

“그래. 언제 갈라질지 모를 호수 위의 살얼음판 말이다. 갈릴레오 역시 코페르니쿠스와 마찬가지로 교회가 우주를 잘못 설명하고 있다는 사실을 증명한 거였으니까. 당시 교회는 이성과 진실보다는 맹목적인 믿음을 더 강조했거든. 교회 지도자들이 교리를 거스르는 주장을 절대 인정할 리 없었지. 갈릴레오의 주장이 성경 내용과 다르자 교회는 1616년에 갈릴레오를 협박해서 그동안 주장한 지동설을 철회한다는 서약을 받아 냈어. 교회는 1600년에 갈릴레오와 비슷한 사실을 주장한 조르다노 브루노를 로마에서 화형에 처한 바가 있었거든. 갈릴레오는 어쩔 수 없이 자신이 발견한 것을 더 이상 내세우지 못하고 목숨을 부지했단다.”

갈릴레오 이야기를 들은 세르지오는 지금은 당연하게 얘기할 수 있는 것을 그때는 목숨까지 걸고 얘기해야 했다는 것이 놀라웠습니다.

“그럼에도 갈릴레오가 주장한 과학적 사실들은 사라지지 않았단다. 갈릴레오가 죽은 다음 그의 연구 내용을 그 당시 학자들도 알게 되었고, 시간이 흐를수록 더 많은 사람들이 지구가 우주의 중심이 아니라는 사실을 알게 되었어. 세상을 새롭게 바라볼 수 있는 눈과 정신을 얻은 사람들은 새로운 과학 법칙과 발명품들을 만들어 냈단다. 이렇게 17세기부터 과학이 크게 발전하여 당시 사람들에게 많은 편리함과 혜택을 누리게 해 주었단다.”

만유인력의 법칙이 나오기까지

하늘을 구성하는 원소 – 아리스토텔레스 천문학

'지구가 태양 주위를 돈다.' 당연한 일이 아니냐고 하겠지만 이런 생각을 하게 되기까지의 과정이 상당히 복잡하단다. 우선 고대 그리스의 아리스토텔레스 이야기부터 시작해 볼까?

그는 걸어 다니는 백과사전이란 말을 들을 정도로 다양한 분야에서 거의 모든 것의 처음에 해당하는 연구를 한 사람이야. 그래서 중세 시대에는 대문자로 THE PHILOSOPHER라고 하면 바로 아리스토텔레스를 부르는 말로 통했대. 그 정도로 신뢰받는 학자였단다. 그런 그가 엠페도클레스가 주장한 4원소설을 지지하자 근대 과학이 성립되기 전까지는 4원소설을 아주 중요하게 받아들였다고 해. 아리스토텔레스는 4원소는 지상 세계를 구성하는 원소이고 다른 한 가지 5원소가 있다고 했어.

5원소가 무엇이냐고? 5원소란 하늘을 구성하는 원소라고 본 거야. 그는 땅을 구성하는 원소와 하늘을 구성하는 원소가 같을 리가 없다고 생각했대. 그는 천체란 지구를 중심으로 끊임없이 원운동을 하고 있으며, 원운동이라는 물리적 문제를 해결할 수 있는 것이 바로 이 5원소라고 믿었어.

천문학의 역사에서 중요한 또 한 사람이 프톨레마이오스야. 그는 아리스토텔레스보다는 조금 후대의 사람으로 고대 그리스의 천문학을 체계적으로 완성한 사람이라고 할 수 있어. 코페르니쿠스가 나오기까지는 그의 이론을 거의 절대적으로 받아들였단다. 그가 살았던 시대의 우주관 역시 아리스토텔레스의 우주관을 그대로 믿었어.

아리스토텔레스는 무거운 물체는 우주의 중심에 있게 마련이고 지구는 무거우니까 당연히 우주의 중심에 있어야 한다고 생각했대. 그리고 인간은 그런 지구 위에 살고 있으니 당연히 중요한 존재라고 생각했겠지?

이때 우주란 개념은 우리가 생각하는 무한한 우주가 아니고 작은 우주였단다. 작은 우주라니 무슨 소리인지 궁금하다고? 당시 사람들은 하늘의 별이 떨어지지 않는 것은 하늘에 뚜껑과 같은 기능을 하는 것이 있어서 별들이 거기 매달렸기 때문이라고 보았다는구나. 머리 위에는 달과 태양이 돌고 하늘에는 별들이 뚜껑에 매달려 하루에 한 바퀴 돈다고 믿은 것이지.

천동설-프톨레마이오스 천문학

지구와 하늘 뚜껑 사이는 텅 비었다고 생각했을까? 이미 프톨레마이오스 시대에도 5개의 행성이 알려졌다고 하는구나. 그것은 수성, 금성, 화성, 목성, 토성이야. 그 당시에는 지구가 우주의 중심이라고 생각했다는데, 이 행성들이 어떻게 배열되었다고 생각했을까? 달이 지구를 돌고, 그다음에 행성들이 돌고 있다고 생각했어. 수성, 금성, 태양, 화성, 목성, 토성 순서로 항성(붙박이별)들이 행성 가장 바깥 부분에 있다고 생각했어.

그 당시 과학자들은 지구와 태양을 포함한 행성들, 그리고 붙박이별로 둘러싸인 우주관을 믿었고 별들은 원 궤도를 그리면서 돌고 있다고 생각했대. 문제는 행성들이 지구와 붙박이별들 사이에 떠 있다면 어떻게 땅으로 떨어지지 않는가를 해명하는 일인데, 이것을 설명하기가 쉽지 않았다고 해.

고민하던 프톨레마이오스는 아폴로니오스의 이론에서 해답을 발견했대. 자꾸 어려운 이름들이 나오니 머리가 지끈지끈하지? 간단하게 설명하자면, 행성들은 각각 작은 원에 매달린 상태로 하늘의 큰 원에 다시 고정되어 있다고 생각했대. 지구를 중심으로 하는 행성의 궤도 위에 중심을 둔 또 하나의 원을 가정하는 것인데 수학적으로 계산하면 80개 정도의 작은 원이 필요한 셈이라고 해. 프톨레마이오스는 당시에 천문 연구에 필요한 수학 개념을 만들어 낸 히파르코스 덕분에 이런 계산이 가능했다고 하니 어떤 사람의 업적을 생각할 때 그 이론이 나오기까지 미리 연구하고 노력한 사람들의 도움을 반드시 생각해야 할 것 같아.

중세의 천문학은 프톨레마이오스의 책이 있어서 가능했단다. 그래서 그의 책을 위대한 책이라는 뜻으로 〈알마게스트〉라고 하는데 원래는 '천문학 집대성'이란 제목이었어. 그런데 〈알마게스트〉라니 이상한 소리처럼 들리지 않니? 사실 이 말은 상당한 존경을 담은 표현이란다. '마게스트(magiste)'란 그리스 어로 '위대한 존재'라는 뜻인데 이 책이 아랍 어로 번역되어서 이슬람 세계에서 연구되면서 '알(al)'이라는 관사가 붙었어.

프톨레마이오스가 너무 복잡하다고요?
– 코페르니쿠스의 태양 중심설

태양이 지구 주위를 돈다는 학설이 상식이던 시대에 프톨레마이오스의 글을 읽다가 '왜 이렇게 어렵고 복잡해! 신은 왜 이렇게 복잡하게 우주를 만들었을까?'라는 의문을 가진 사람이 있었어. 그 사람이 바로 코페르니쿠스야.

그는 '태양이 지구를 돈다.'는 천동설과는 다른 생각을 했어. 그가 생각을 전환하는 데 중요한 시사점을 준 인물이 있었어. 그는 코페르니쿠스보다 1,700년 전에 살았던 그리스 인, 아리스타르코스야. 아리스타르코스는 태양과 지구의 상대적인 크기를 구했는데, 태양이 지구보다 7배 크다는 결론에 도달했어. 그러고는 지구보다 훨씬 큰 태양이 지구 주위를 도는 것이 맞는 것일까 아니면 반대로 지구가 태양을 도는 것이 맞는 것일까 생각했다고 해. 그렇지만 그 시대에는 그의 제안을 별로 중요하게 받아들이지 않았어. 더군다나 아리스토텔레스, 프톨레마이오스의 이론이 정설로 굳어지면서 그의 이론은 잊히고 말았지.

하지만 그 이론을 발견한 코페르니쿠스는 우주 모델을 새롭게 고민해 보기 시작했어. 지금은 너무나 당연한 이야기로 들리겠지만, 당시 종교 개혁가였던 마르틴 루터 같은 사람도 '지동설'을 주장한 코페르니쿠스의 이야기에 천문학의 앞뒤도 분간 못 하는 정신 나간 사람이라고 했다니 당시의 분위기가 어땠을지 짐작되지? 지구가 태양을 중심으로 돈다는 가설을 세우니 코페르니쿠스는 천체의 운동이 훨씬 쉽게 이해되었어.

하지만 코페르니쿠스는 자기 생각을 바로 발표할 수가 없었어. 왜 그랬을까? 맞아. 그때는 교회가 중요한 권력을 갖고 있었어. 그 시대에는 성경을 토대로 교회에서 지구가 중심이라고 굳게 믿고 가르쳤거든. 잘못 말하면 종교 재판에 넘겨질수 있는 시대였으니 보통 사람이라면 감히 종교 재판의 위험까지 무릅쓰고 당시 사람들의 생각과 다른 말을 하기가 쉽지 않았을 거야. 코페르니쿠스는 아주 가까운 사람들에게 자신의 의견을 말로 전하기만 하고 글로 남기는 건 엄두도 못 냈어.

하지만 죽기 직전에 〈천체의 회전에 관하여〉라는 제목의 책을 출간했단다. 그 책에는 다음과 같은 내용이 담겨 있어. 지구는 둥글고, 다른 모든 별도 공처럼 둥글다. 지구는 자전하면서 태양 주위를 공전한다. 우주는 유한하고 우주의 중심이 바로 태양이다(이것은 지금은 틀린 이론이란 것이 밝혀졌지만). 지구만이 아니라 수성, 금성, 화성, 목성, 토성도 차례로 태양을 돈다(주기가 각각 다름). 행성이 잠시 멈추거나 뒤로 물러나는 것처럼 보일 때가 있다. 달은 행성이 아니라 지구의 위성이다.

태양 중심설을 주장한 수도사 ─조르다노 브루노

이탈리아의 나폴리에서 태어난 수도사인 조르다노 브루노는 코페르니쿠스의 태양 중심설이 바르다고 생각해서 유럽을 돌아다니면서 이 이론을 퍼뜨리는 일을 열심히 하였대.

그런데 코페르니쿠스도 수도사였고, 브루노도 수도사라니 조금 이상한 느낌이 들지 않니? 당시에는 수도원이 지식의 확산에 중요한 역할을 했어.

코페르니쿠스도 수도사였지만 다른 관심분야에 관해서도 계속 연구를 했어. 당시의 천문학은 개인적으로도 연구를 계속 할 수 있는 상황이었지.

브루노는 이런 주장도 했다고 해. 지구가 행성이라면 다른 행성에도 역사와 종교적 경험을 가진 다른 사람들이 살고 있을 것이라고 말이야. 그리고 무한한 우주 속에서(브루노는 코페르니쿠스와 달리 우주가 무한하다고 생각했어.) 태양도 작은 별에 지나지 않는다고 주장했어.

그런데 이런 주장이 불러일으켰을 파문을 생각해 봐. 신과 교회의 권위에 도전하는 수도사라니! 이단으로 몰린 그는 결국 로마에서 8년간이나 종교 재판을 받았어. 주장을 굽히지 않은 그는 결국 1600년에 화형을 당한단다.

교회가 두려워 죽기 직전에 책을 낸 코페르니쿠스, 재판정에서 결국 지구가 우주의 중심이라고 말하고 자신의 소신을 굽힌 갈릴레오에 비해서 브루노의 이런 당당함은 상당히 놀랍지 않니? 태양 중심설을 주장하다가 화형을 당한 브루노 때문에 그 전에는 별 관심을 끌지 못했던 코페르니쿠스의 〈천체의 회전에 관하여〉라는 책이 갑자기 아주 잘 팔렸어.

교회로서는 사람들의 관심을 막기 위해서 이 책을 못 읽도록 금서 조치를 내렸다는구나. 금서란 사회에 나쁜 영향을 주므로 권력자가 못 읽도록 법으로 정한 책을 말해. 이 책이 금서에서 풀린 것은 1822년이지만 그전에도 사람들은 몰래몰래 책을 돌려가면서 읽었겠지?

행성들이 타원을 그리면서 돈다고? - 케플러

옛사람들은 행성이 원을 그리면서 우주를 돈다고 생각했단다. 이때 행성이 도는 궤도는 원과 비슷한 모양이 아니라 꼭 동그란 원이어야 했대. 왜냐하면, 원은 중심에서부터 어디든 길이가 같고 처음도 끝도 없으므로 가장 아름다운 모습이라고 생각했기 때문이지.

그런데 행성이 타원을 그리면서 돈다고 주장하는 사람이 나타났어. 바로 케플러란다. 그는 코페르니쿠스가 죽은 지 28년 뒤에 독일에서 태어났는데 코페르니쿠스와 뉴턴의 발견을 이어 주는 아주 중요한 공을 세운 사람이지.

가정적으로 아주 어려운 환경에서 자란 그는 공부를 아주 잘했다고 해. 그 덕분에 장학생으로 학교에 다닐 수 있었어. 그는 코페르니쿠스가 쓴 책을 읽고는 우주에 대해서 진지하게 고민을 했지.

그러나 아무리 해도 자기 생각대로 우주의 모양을 그릴 수 없어서 고민하던 중 튀코 브라헤로부터 초청을 받았대. 튀코 브라헤는 다른 일에는 망나니 같아도 별 관찰만큼은 열심인 황실의 천문학자이자 수학자였어. 그는 정확하게 행성의 위치를 관찰해 왔고 그동안 모아 놓은 자료도 상당히 많았지. 그런 그가 케플러가 우주의 모습을 연구하고 있다는 소문을 듣고 케플러를 초청한거야.

하지만 심경의 변화가 생겼는지 케플러에게 관측 자료를 보여 주지 않았다는구나. 그러다가 갑작스럽게 병을 얻어 연구를 계속할 수 없게 되자 튀코는 케플러에게 자신의 자료를 넘겨주었어.

이때부터 케플러는 튀코의 자료를 연구하고 또 연구했지. 그런데 튀코가 관측한 행성의 궤도와 자기의 계산이 맞지 않는다는 것을 확인하게 돼. 알고 보니 행성의 궤도가 원이 아니라 타원이었던 것이지.

마침내 그는 행성의 운동 법칙을 발견한 거야. 이것이 나중에 뉴턴이 만유인력의 법칙을 발견하는데 커다란 도움을 주었어. 이런 점에서 케플러의 역할은 아주 중요한 것이었어!

진짜 과학이 시작되다 – 갈릴레오 이야기

케플러가 발견한 놀라운 이론을 알고 나니 이런 의문이 들지 않니? '왜 케플러를 근대 과학의 아버지라고 하지 않고 갈릴레오에게 그런 명예로운 호칭을 붙였을까' 하고 말이야. 그 이유는 갈릴레오가 관찰만이 아니라 실험을 통해서 권위 있는 스승의 말이라도 틀린 것을 증명할 길을 열었기 때문이야. 그래서 그를 근대 과학을 연 사람이라고 기록하고 한단다.

갈릴레오는 이탈리아 피사 출신으로, 처음에는 수도원에서 공부하면서 수도사가 되려고 했대. 그러나 갈릴레오 아버지가 수도사는 돈을 못 버는 직업이니 의사가 되라고 강요했다는구나.

옛날이나 지금이나 다르지 않다고? 갈릴레오는 아버지의 권유에 따라 피사 대학 의학부에 들어갔어. 하지만 장학금을 못 받아서 결국 의학부 졸업을 못했지. 공부를 좋아했던 갈릴레오는 학교에 다니건 안 다니건 그런 것은 중요하지 않았나 봐.

밤새도록 집에서 자신이 좋아하는 공부를 했는데 그중에서 수학이 정말 재미있었지. 갈릴레오는 옛 수학자들의 책을 밤낮없이 읽다가 빼어난 수학 논문을 쓰기도 했단다. 그러다가 피사에서 수학을 제일 잘하는 사람이라는 소문이 나서 대학교에서 수학 교수로 초빙했다고 하니, 지금 우리나라 교육 체제에서는 상상도 할 수 없는 일이 벌어진 거야.

그는 수학을 가르치는 일 말고도 기계와 도구를 발명하고 발명품을 내다 파는 일까지 해야 했어. 그가 이렇게 돈 되는 일을 이것저것 한 이유는 먹여 살려야 할 식구가 여럿이어서 그랬대.

그러던 어느 날 그는 망원경에 대한 소문을 들었어. 들은 이야기대로 연구를 계속해서 아홉 배 잘 보이는 망원경을 만들었어. 망원경의 성능에 놀란 윗사람들이 그의 월급을 두 배로 올려 주었지. 갈릴레오는 얼마나 신이 났겠니? 그래서 그는 연구를 더욱 열심히 해서 이번에는 100배율의 망원경을 개발하여 하늘을 관찰하기 시작했단다.

그가 알아낸 사실이 여러 가지 있어. 눈으로는 볼 수 없었던 많은 별을 관찰했어. 또한 달이 스스로 빛을 내지 않는다는 것, 달 표면이 매끈하지 않다는 것, 목성을 도는 달이 네 개 있다는 것도 망원경을 이용한 관찰로 알아냈지.

그 전까지는 코페르니쿠스의 지동설을 반박할 때 달도 지구를 돌고 있다는 사실을 이용했어. 이것을 지구가 우주 한가운데 있고 행성들과 별들과 태양이 지구를 돈다는 증거로 사용했어. 그런데 목성을 도는 달을 발견함으로써 모든 것이 지구를 돈다는 이론이 깨진 거야. 갈릴레오는 목성의 달에 이어 금성이 태양을 돈다는 사실도 알아냈단다. 이런 발견에 고무되어 그는 태양이 움직이는 것이 아니라 지구가 태양 주위를 돈다는 사실을 이탈리아 어로 써서 책을 펴냈어.

　그의 이론에 찬성하는 사람들만 있었던 것은 아니었겠지? 그 당시 교회와 다른 의견을 가진 갈릴레오는 신을 믿지 않는 사람처럼 보였을지도 몰라. 그 시대에는 무신론자란 상상할 수도 없는 일이었거든. 갈릴레오도 지구가 움직인다는 것이 하느님의 말씀을 거스르는 것이라고는 생각하지 않았다고 해. 하지만 종교 재판소에서는 갈릴레오의 말을 믿지 않았고 재판에 진 갈릴레오는 집에 감금당하는 벌을 받았지.

　그럼에도 그는 계속 연구를 했고 나중에는 운동에 관한 이론을 책으로 쓰기도 했단다. 운동하는 물체는 바깥에서 힘을 주지 않아도 계속 움직인다는 것을 알아냈는데 이 생각은 나중에 뉴턴에게 큰 도움이 되었단다.

이성의 세기

샤를 몽테스키외 Charles de Montesquieu, 1689~1755

레오나르도 다빈치 이후에 다시 낯선 이름이 등장하지?
몽테스키외는 프랑스 사람이란다. 그가 태어나서 활동하던
시기의 프랑스는 절대적인 권력을 지닌 왕이 다스리던 시대였어.
그는 그 시대의 정신과는 다른 생각을 했어. 군주라도 법으로
나라를 다스려야 하고, 입법과 사법과 행정을 분리하는 것이
좋다고 주장했단다. 쉽게 풀어서 말하면 힘을 한 곳에서 다 쥐고
행사하면 곤란하다는 거야. 나라를 다스릴 때 법을 만드는 사람,
법을 집행하는 사람, 나랏일을 돌보는 사람의 권력을 나누어야
한다고 주장했지. 이것은 당시 아주 충격적인 생각이었어.
지금 우리에겐 너무나 당연한 것이지만 말이야. 그렇다면 지금
우리 사회가 저절로 생긴 것이 아니란 사실을 생각해 볼 수
있지 않겠니? 사실 몽테스키외의 이런 생각은 당시 프랑스보다
선진국이었던 영국의 사상에 크게 영향받았어.
몽테스키외를 알려면 프랑스 계몽주의에 대해 알아야 하고,
계몽주의를 알려면 영국 사상의 변화에 대해 알아야 해.
왜 이렇게 알아야 하는 게 많을까, 벌써부터 머리가 지끈거리지
않니? 그렇지만 한번 알아 두면 다음에 책 읽기도 수월하고 다른
곳에서 몽테스키외, 계몽주의 이런 글을 만나면 반가운 마음으로
들여다보게 될 거야. 그렇게 하나씩 쌓이는 지식이 큰 변화를
준단다.

지난밤, 레오나르도 다빈치는 갈릴레오가 17세기의 새로운 시대로 가는 문을 반쯤 열었다고 말한 뒤 작별 인사를 했습니다.

"17세기 유럽에서는 속속 놀라운 사실을 발견했지만 그것은 빙산의 일각에 불과했어. 아직 더 많은 것이 남아 있었거든. 그 당시에는 유럽의 모든 것이 움직이고 있었어. 그때 이런 말이 유행했다고 해. '어제의 그 모습이 내일도 그렇게 있지는 않을 것이다.' 그리고 막강한 권위를 가지고 있던 군주와 주교의 금으로 된 무거운 옷도 휘날려 버릴 수 있는 강한 바람이 불어왔지. 그 바람은 유럽 전역에 똑같이 휘몰아쳤어. 세르지오, 이 이야기는 새로운 역사 안내자가 자세히 알려 줄 거야. 몽테스키외 남작이 그 소용돌이 같은 바람 이야기를 너에게 해 줄 거야. 아쉽지만 나는 이만 작별해야겠다. 세르지오, 잘 있어라."

세르지오도 아름다운 그림, 조각, 그리고 미지의 탐험 이야기
와 긴박한 전쟁 이야기를 흥미진진하게 해주었던 레오나르도와
작별하는 것이 무척 아쉬웠어요.

다음 날 세르지오가 학교에서 돌아오자, 네 번째 역사 안내자
가 세르지오의 방에 서 있었습니다. 곱슬곱슬한 하얀 가발을 쓴
그는 얼굴도 우유처럼 하얀색이었습니다. 눈빛은 활기가 넘쳤고
코는 오뚝했습니다. 18세기에 유럽에서 유행한 밤색 양복을 입고
흰색 스타킹을 신은 그가 로마 신전에 서 있던 조각상처럼 보였
습니다.

그는 가슴에 한 손을 대고 한쪽 팔은 뒤로 뺀 채 허리를 숙이며
세르지오에게 인사한 뒤 자신을 소개했습니다.

"세르지오, 안녕! 나는 샤를 몽테스키외 남작이야. 1689년에
프랑스 보르도 근교에 있는 라 브레드 성에서 태어났어. 나는 철
학자로 알려져 있지만, 책을 많이 썼고, 무엇보다 여행을 무척 좋
아한단다. 내가 저술한 〈법의 정신〉과 〈페르시아 인의 편지〉는
꽤 유명하지. 이 두 권의 책에 법과 사회에 대한 나의 생각을 써
두었어. 이 책을 읽고 사람들이 생각하는 힘을 키웠으면 하는 바
람으로 책을 썼단다. 스스로 생각하는 것 말이야. 이것이 내가 책

   시대를 대표하는 길라잡이가 안내하는 세계사

을 쓴 목적이야.”

세르지오는 레오나르도가 떠나면서 해 준 말이 생각났어요.

“레오나르도 할아버지께서 말하길 남작님이 새로운 바람에 대해서 알려 줄 거라고 하셨어요.”

“아! 그래, 레오나르도 다빈치.”

우아한 모습의 몽테스키외 남작은 또렷하고 차분한 목소리로 말했어요.

“나는 18세기 유럽에 대해 이야기하려고 왔단다. 사람들은 그때를 ‘계몽의 시대’, 혹은 ‘빛의 세기’라고 부르지.”

백과전서파

"나는 1708년에 프랑스 파리로 갔단다."

몽테스키외 남작이 들려주는 역사 이야기가 시작되었습니다. 세르지오는 눈을 반짝이며 몽테스키외 남작을 쳐다보았습니다.

"그 당시 프랑스는 루이 14세가 통치했어. 60년 전부터 프랑스를 통치한 그는 너무 늙어서 커다란 베르사유 궁전에서 나오지도 못했지."

세르지오 눈앞에 아름다운 정원이 있는 멋진 베르사유 궁전이 나타났습니다. 베르사유 궁전을 보자 부모님과 함께 가 보았던 에스파냐의 아랑후에스 궁전이 떠올랐습니다. 하지만 눈앞에 펼쳐진 베르사유 궁전과는 비교도 되지 않았어요. 베르사유 궁전 마당에는 연못이 반짝거렸고, 푸른 나무 잎사귀 아래엔 조각상들

이 생각에 잠겨 있는 것 같았습니다. 자갈이 덮인 아름다운 정원에서 프랑스 귀족들이 산책하며 즐겁게 이야기를 나누고 있었어요. 궁전 안에는 수많은 방들과 훌륭한 그림들로 가득했어요.

"그 당시 유럽의 가장 강력한 왕이었던 루이 14세는 모든 것이 변하지 않기를 바랐어. 하지만 그의 주변에서는 음모와 죽음에 관한 이야기가 넘쳤고 막강한 늙은 왕의 뜻과는 달리 파리의 모든 것이 변하고 있었어. 파리의 철학자와 작가들은 문학 살롱과 카페에서 세상이 이성적이고 실용적으로 변하고 있다는 이야기를 나누었어. 교황의 권력이나 루이 14세 같은 왕의 오만함이 없는 세상, 종교가 지식을 박해하는 것도 영원히 사라질 그런 세상이 올 거라고 했지. 그들은 백성에게 권력을 휘두르고 정복 전쟁을 일으키는 왕도 사라질 거라는 희망을 품었어. 모든 상황을 원인과 결과를 제시하면서 논리적으로 확실하게 설명할 수 있는 인간의 이성이 그냥 이유 없이 모든 것을 믿어야 했던 미신적인 관습을 이길 때가 드디어 온 거야. 그들은 맹목적인 믿음이 아니라 분명하게 원인과 결과를 따져서 생각할 수 있게 해 주는 이성 덕분에 인류가 더 자유롭고 행복해질 수 있다고 생각했어. 또한 사회가 대중의 행복을 위해 존재해야 한다는 것이 18세기 초 파리 민중의 생각이었어. 그러던 중, 루이 14세가 죽었단다. 그때가 1715년이었어.”

몽테스키외는 차분하기는 하지만 어찌나 속도감 있게 이야기하는지 세르지오는 한마디라도 놓칠세라 더욱더 귀를 기울였습니다.

“루이 14세가 죽고 나자 새로운 생각과 주장들이 여기저기서 터져 나왔지. 살롱과 극장과 카페를 찾는 사람들이 많아졌고, 산책하는 사람도 늘었어. 파리를 감도는 공기 자체가 달라졌다고

 시대를 대표하는 길라잡이가 안내하는 세계사

애기할 수도 있지. 철학자와 과학자는 진보적인 생각의 흐름이 사람들에게 자유와 행복을 줄 거라고 생각했단다.”

센 강이 흐르는 화려한 도시, 파리가 창밖으로 나타났습니다. 궁전과 정원, 다리와 산책로에는 우아한 옷차림의 사람들이 시끌벅적하게 오고 갔습니다. 몽테스키외는 활기 넘치는 도시를 가리키며 말했어요.

“세르지오, 보아라! 저곳이 세계적인 도시, 파리란다. 유행의 도시이자 문화의 도시이기도 하지. 인간 이성을 존중하고 방대한 역사가 담긴 〈백과전서〉가 만들어진 도시이기도 하고.”

“〈백과전서〉요? 〈백과사전〉이 아니고요?”

세르지오 부모님이 어렸을 때는 컴퓨터에서 정보를 찾는 대신 온갖 정보가 담겨 있는 백과사전을 보았다고 하신 말씀이 기억이 났습니다.

“맞아. 백과사전과 백과전서는 같은 거라고 보면 된단다. 18세기 파리에서 철학자 디드로와 수학자 달랑베르가 〈백과전서〉를 만들었어. 이 책은 교회와 왕궁의 권위에 맞선 자유로운 생각의 승리의 결과물이었지. 〈백과전서〉를 만들었다는 것은 18세기 역사상 가장 중요하고 훌륭한 사건이란다. 언어로 세상을 정확하게 정리하고 체계화하려는 거대한 의지, 분류와 설명을 하겠다는 아름다운 꿈이었지. 물론 쉽지는 않았어. 루이 14세 뒤를 이은 루이 15세와 교회에서 볼 때 〈백과전서〉는 뱀의 독이나 해골보다 훨씬 더 무시무시했으니까."

〈백과전서〉는 단어를 설명하는 책일 뿐일 텐데 권위에 맞서고 무시무시하게 여겨지다니! 세르지오는 왜 그렇게 되었는지 궁금했어요.

"〈백과전서〉는 어째서 그렇게 위협적인 책으로 여겨졌나요?"

"이유는 간단하단다. 〈백과전서〉는 18세기 철학자들이 생각하는 진리를 담고 있지. 그들은 〈백과전서〉에서 교회와 왕의 권위

를 비판하고 새로운 과학 정보를 전달했어. 〈백과전서〉를 만드는 '백과전서파'들이 교회와 왕의 권위를 따지고 들자 교황과 루이 15세는 〈백과전서〉가 세상에 나오지 못하도록 온갖 방법을 동원해서 막으려고 했어. 디드로와 달랑베르뿐 아니라 〈백과전서〉를 만드는 일을 도왔던 많은 사람들을 감옥에 가두거나 국외로 추방했지. 그 모든 어려움에도 불구하고 그들은 〈백과전서〉를 완성했어. 1750년 두 권의 사전으로 시작했던 일이 28권의 〈백과전서〉로 거듭난 거야. 여기에는 7만 개가 넘는 항목이 담겨 있단다.”

몽테스키외 남작은 〈백과전서〉에 사물, 역사, 그리고 역사적 인물 이야기와 같은 당시의 방대한 지식들이 총정리되어 있다는 것을 알려 주었습니다. 〈백과전서〉를 펼치면 역사에 등장하는 제국의 성립, 아주 먼 나라의 관습, 생활을 편리하게 해 주는 발명품, 국가를 부유하게 해 주는 무역, 노예 거래에 대한 비판, 아메리카 금광에 이르기까지 모든 것을 찾아볼 수 있었습니다.

“〈백과전서〉는 전 유럽으로 퍼져 나갔단다. 이 책에 담긴 파리 지식인의 사상도 함께 말이야. 그 사상이 바로 ‘계몽주의’란다. 정치와 경제 이론은 물론이고 새로운 과학에 대해 공개적으로 토론을 벌일 수 있는 시대가 온 거야. 하루하루가 설레는 축제를 기다리는 것 같은 희망의 시대였어. 계몽주의 최고의 전성기였지.”

계몽주의 여행자들

"세상을 정확하게 알고, 분류하고, 설명하고 싶다는 생각은 유럽 인을 유럽 밖 세상으로 실제로 나아가게 했단다."

몽테스키외 남작은 18세기 유럽 탐험가들의 이야기를 들려주었습니다.

"세르지오, 탐험가 마젤란을 기억하니?"

세르지오는 고개를 끄덕였어요.

"마젤란의 항해로 세계 바다 지도가 거의 완성되긴 했지만, 유럽 인에게 여전히 알려지지 않았던 대륙이 두 개 있었단다. 바로 오스트레일리아와 남극 대륙이야. 오스트레일리아는 워낙 남쪽 멀리 있어서 항해 중 발견될 수 있는 곳이 아니었어. 더 먼 남극 대륙은 안개와 수정 같은 얼음 속에 숨어 있었고 말이야. 남극은

너무 추워서 사람이 살지 않았지만 오스트레일리아는 달랐어. 오스트레일리아에 원주민들이 살고 있다는 것이 유럽에 알려진 것은 18세기 말쯤이었고 남극 탐험이 이루어진 것은 19세기가 되어서야. 엄청난 추위 때문에 감히 남극에 갈 엄두를 낼 수가 없었지. 영국 탐험대가 앞서서 남극 대륙 가까이 가기는 했지만, 정작 남극 대륙에 발을 들여놓은 사람은 러시아 사람 벨링스하우젠이었어.”

몽테스키외는 좀 더 자세하게 이야기했어요.

“18세기에 유럽의 여러 나라는 새로운 땅을 찾아 나서는 탐험대를 후원했어. 그중에서 영국 탐험가 제임스 쿡이 이끄는 탐험대가 있었단다.”

“제임스 쿡이라고요?”

“1768년 영국인들은 태평양으로 갈 탐험대를 조직했어. 그 팀의 지휘자가 바로 제임스 쿡이었지. 그의 임무 가운데 하나는 남쪽에 있는 대륙을 발견하는 거였어. 머나먼 남쪽 바다 어딘가에 있을 땅 말이야. 그들이 탄 배가 예전에 마젤란이 탔던 배보다 훨씬 더 안전하고 튼튼하며 배에서 생활하는 것도 더 편리했다고는 하지만 지구 끝으로 가는 여행은 위험하기 짝이 없었지.”

창문 너머로 돛대를 정비하면서 출항 준비를 서두르는 선원들

이 분주하게 움직이는 모습이 보였습니다.

"제임스 쿡 선장은 1770년 4월 20일 남쪽의 거대한 땅, 오스트레일리아에 도착했단다. 유럽과 아메리카 사이에 있는 대서양을 건너서 남아메리카 가장 남쪽에 있는 혼 곶을 돌아 뉴질랜드를 지나 오스트레일리아에 도착한 거야. 하지만 제임스 쿡 선장에게는 또 다른 임무가 있었어. 태평양 남쪽 끝의 비밀을 밝히는 일이었어. 쿡 선장은 두 척의 배를 이끌고 먼 남쪽 바다로 갔어. 결국, 영국 탐험대는 남극의 얼음 바다까지 들어갔단다."

다음 순간 바다 위를 떠다니는 얼음 사이로 두 척의 배가 나타났습니다. 빌딩처럼 높은 빙산이 배 주변으로 무너져 내렸어요. 얼음처럼 차가운 공기 때문에 배에서는 숨을 쉬기도 어려워 보였습니다.

"남극 대륙으로부터 140킬로미터 떨어진 곳까지 간 제임스 쿡 선장은 얼음으로 가득 찬 바다가 위험하다고 생각하고 배를 돌렸어. 조금만 더 가면 남극 대륙이 있다는 것을 알았다면 포기하지 않았겠지. 남쪽 얼음 바다를 경험하고 영국으로 돌아온 제임스 쿡 선장은 또 다른 모험을 계획했어. 이번에는 태평양을 탐험하는 것이었어. 1776년 그는 북태평양을 향해 떠났어. 하지만 이것이 쿡 선장의 마지막 탐험이었어. 태평양에 있는 하와이 섬 원주민에 의해 죽거게 되거든."

세르지오는 원주민과의 싸움에서 죽은 마젤란이 떠올랐습니다.

"제임스 쿡 선장의 탐험으로 태평양의 실제 크기가 어떤지 유럽에 알려졌단다. 오스트레일리아도 알려지고 말이야. 쿡 선장은 태평양의 많은 섬을 발견하고 그것을 지도로 만들었어. 그가 지도를 제작할 수 있는 선원을 배에 태우고 다녔기 때문이야."

자유의 나라

"아! 영국이여, 템스 강을 따라 전 세계의 바다로 흘러 나간 생각들이여!"

몽테스키외는 시를 낭송하듯 읊조리며 회상에 잠겼어요.

"나는 1728년에 영국의 런던에 갔단다. 그 당시 파리에서는 내가 쓴 〈페르시아 인의 편지〉가 날개 돋친 듯이 팔리고 있었어. 파리 시민들이 내 말에 귀를 기울일 때였지. 나는 런던에 도착해 런던 시민들의 현대적인 삶을 보고 깜짝 놀랐어. 나는 모든 것을 기록했어. 영국의 법을 공부하고, 런던의 유명 인사들도 만났지."

창밖으로 노을에 물든 템스 강이 도도하게 흐르고 있었습니다.

"영국의 법을 공부해 보니 나의 조국 프랑스에 필요한 것이 무엇인지 알 수 있었어. 진정한 애국자라면 조국의 단점도 지적할

수 있는 사람이어야 한다고 생각해. 단점은 얼마든지 장점으로
바꿀 수 있으니까. 그래서 나는 18세기 프랑스 사회의 잘못된 점
을 사람들에게 밝히고, 영국의 입헌 군주제의 장점을 받아들이면
좋겠다고 생각했지."

세르지오는 몽테스키외 남작의 마음이 이해되었습니다. 또한
몽테스키외 남작이 영국으로부터 받아들이려는 '입헌 군주제'는
무엇일까 궁금했습니다.

"영국의 정치가들은 고대 로마의 정치를 따라 하고 싶어 했어. 고대 로마와 영국의 국가 구조에는 공통점이 없었지만 말이야. 세르지오야, 고대 로마의 카이사르가 죽은 후, 정치가들이 서로 권력을 잡으려고 내전을 벌였던 거 기억나니?"

"예, 결국 옥타비아누스가 황제가 되었잖아요. 그가 아우구스투스 황제가 되었죠."

"맞아, 기억력이 좋구나! 고대 로마는 내전으로 황제가 탄생했지. 영국에서도 정치가들 사이에 내전이 있었단다. 그런데 결과가 고대 로마와는 달랐어. 영국은 내전 결과 시민들에게 자유가 돌아갔어. 그 자유는 그냥 얻은 것이 아니야. 의회가 주도하는 법을 만들기 위해 많은 노력을 해 왔기 때문에 얻을 수 있었어."

몽테스키외 남작은 영국의 내전에 대해서 말했습니다.

"1642년에 영국 왕 찰스 1세를 지지하는 왕당파와 왕의 권력을 견제하는 의회파 사이에 내전이 벌어졌어. 이 전쟁에서 의회파가 승리를 거두었어. 1649년에 찰스 1세는 재판을 받고 사형되었지. 정치의 주도권은 의회파로 넘어갔고, '왕은 군림은 하지만 통치하지 않는다.'는 입헌 군주제의 기틀이 이때 마련됐어."

몽테스키외 남작은 국민을 위한 정부를 만드는 데 공헌한 영국 철학자 이야기를 시작했습니다.

"영국 왕은 대대로 강력한 권력을 가지고 통치했어. 그래서 과거 영국 사람들은 인정 많고 훌륭한 왕이 나오기만을 기다렸지. 하지만 철학자 존 로크는 이런 생각에 반대했어. 국가는 왕 혼자만의 절대 권력으로 움직이는 것이 아니라고 했어. 국민은 법으로 다스리는 정당한 정부를 가질 권리가 있으며, 왕은 국민을 위한 정부를 만들어야 한다고 했어. 그런 왕과 정부가 아니면 타도

해야 한다고 주장했지. 그의 이런 생각이 17세기 영국을 입헌 군주제의 나라로 만든 거야."

그리고 다음과 같은 결론을 내렸습니다.

"국민을 위한 정부, 그것은 영국 사람이 정당하게 권리를 보장받을 수 있게 된다는 걸 의미하지. 재산에 대한 권리, 자유롭게 말을 하고 쓸 수 있는 권리, 종교를 선택해서 믿을 수 있는 권리, 공정한 법의 심판을 받을 권리 같은 것들 말이야. 나 같은 프랑스에서 온 여행객에게는 그런 영국의 변화가 부러웠단다. 그래, 정말 부러웠어."

미국의 탄생

"하지만 한 가지 알아야 할 게 있단다."

밤이 깊어 갔지만, 몽테스키외 남작은 이야기를 계속했어요.

"영국 역시 낙원은 아니었다는 사실이야. 그곳에도 다른 나라
처럼 부정과 편견이 존재했어. 영국은 북아메리카로 이주한 유럽
인들에게 혹독하게 굴었어."

"북아메리카로 유럽 인들이 갔다고요?"

세르지오는 유럽 인들이 왜 북아메리카로 갔는지 궁금했어요.

"18세기 중엽에 유럽 사람들은 아메리카 대륙에 대한 욕심이
넘쳐 났어. 중남 아메리카는 에스파냐와 포르투갈이, 북아메리카
는 프랑스와 영국이 차지했어."

세르지오는 신대륙의 주인이 되기 위해 대서양을 항해한 사람

들을 떠올렸어요.

"1763년, 조지 3세가 다스리던 영국은 북아메리카 동부에 13개 주를 식민지로 가지고 있었어. 이때 영국은 프로이센과 연합하여 오스트리아, 프랑스, 러시아를 상대로 싸운 7년 전쟁에서 승리를 거두고 해외 식민지 사업에 본격적으로 뛰어들었어. 북아메리카 대륙의 대서양 연안에 있던 13개 주는 조지아 주에서 뉴햄프셔 주까지 남북으로 이어졌단다. 그리고 영국 왕과 의회가 북아메리카에 있는 식민지를 통치했지. 신대륙을 발견한 뒤로 계속 그렇게 해 왔던 거야. 북아메리카 주도권을 놓고 영국과 프랑스가 싸울 때 북아메리카에 살면서 식민지를 개척한 유럽 인들이 영국 편을 들었거든."

북아메리카 영국 식민지 이야기는 계속 이어졌습니다.

"아메리카 식민지에 살던 유럽 인들은 런던에 있는 왕과 의회의 권위를 인정했어. 하지만 너무 멀리 있었지. 그래서 그들은 자신들의 문제를 신속하게 해결할 수 있는 작은 의회를 만들었어. 아메리카 이주자들은 거친 땅을 개척했어. 그 결과 대부분의 이주자들은 자신의 땅을 가질 수 있었어. 수공예와 상업도 발달했지. 아메리카에서는 일하지 않고도 살 수 있는 부자는 매우 적었기 때문에 다른 사람을 만나면 '당신은 누구요?'라고 묻기 보다는, '당신은 무슨 일을 하시오?'라고 물었어. 북아메리카에서는 유럽에서와는 달리 귀족과 평민 같은 신분의 차이는 중요하지 않았어. 이곳에서는 목수, 대장장이, 선반공, 직조공, 상인, 사냥꾼, 서부의 산과 미개척 땅을 탐험하는 탐험가들이 자신이 하는 일에 대해 정당한 인정을 받았어."

몽테스키외 남작은 잠시 쉬었다가 이야기를 계속했어요.

"1763년까지 유럽에서 북아메리카로 이주한 이민자들과 영국 왕 조지 3세는 문제없이 순조롭게 지냈어. 하지만 영국 의회가 이민자들에게 추가로 세금을 내라고 하면서 이민자와 영국의 관계가 나빠지기 시작했지. 게다가 이민자들에게 북아메리카 원주민의 땅인 애팔래치아 산맥을 넘어가지 말라고 했어."

"원주민이라고요? 원래 북아메리카 땅에 살고 있던 사람들 말이군요."

세르지오가 말했어요.

"그래, 이민자들은 북아메리카 원주민을 인디언이라고 불렀지. 북아메리카 동부에 있는 애팔래치아 산맥을 넘어가지 못하게 하자 이민자들이 불만을 드러냈어. 멀리 떨어진 영국에서 북아메리카의 서부를 개척하지 못하게 간섭하는 것을 이해하지 못했던

시대를 대표하는 길라잡이가 안내하는 세계사

거야. 이민자들에게 산은 넘기 위한 것이었어. 북아메리카 서부
는 그들에게 있어서 미래의 땅이었거든.”

세르지오는 예전에 할아버지와 함께 보았던 미국 서부 영화가
생각났습니다. 그 영화에 나온 대니얼 분이 북아메리카 서부를
개척한 최초의 이주자라고 했던 할아버지 말씀이 떠올랐습니다.

“식민지 이주자들은 영국에 세금 내는 것도 거절했어. ‘영국 의
회가 무슨 권리로 우리에게 세금을 받는단 말인가? 우리는 영국
에서 투표를 하지도 않는데!’라고 주장했어. 그리고 ‘세금은 한 푼
도 낼 수 없다. 영국 의회와 조지 3세는 물러가라!’고 외쳤지.”

몽테스키외 남작이 주먹을 불끈 쥐고 북아메리카 이주자들의

구호를 온몸을 흔들며 힘차게 외치는 바람에 쓰고 있던 가발이 바닥으로 떨어졌어요. 세르지오는 웃음이 나왔지만 몽테스키외 남작의 표정이 무척 진지해서 꾹 참았습니다. 그는 가발을 다시 쓰고 의자에 앉았습니다.

"이주자들은 영국 의회와 조지 3세를 상대로 반란을 일으켰지. 그래서 1775년 영국과 북아메리카 식민지 사이에 전쟁이 시작되었단다. 식민지 이주자들은 선언문을 발표하여 자신들의 반란을 정당화하기로 했어. 그 선언문이 바로 토머스 제퍼슨이 쓴 '독립

선언서'란다."

몽테스키외 남작은 양복 안쪽 호주머니에서 종이 한 장을 꺼냈
어요. 그리고 앞주머니에서 안경을 꺼내 썼습니다.

"독립 선언서의 첫 부분이야."

몽테스키외 남작은 종이의 내용을 읽었습니다.

"우리는 다음과 같은 것을 진리라고 생각한다. 모든 사람이 평
등하게 태어났으며, 신은 누구도 빼앗을 수 없는 권리를 모든 사
람에게 주었다. 그 권리는 생명과 자유, 행복이다. 이 권리를 지
키기 위해 정부가 있으며, 정부의 정당한 권력은 국민의 동의로

부터 나오는 것이다. 어떤 정부든 이런 목적을 파괴한다면 개혁되거나 폐지되어 국민의 안전과 행복을 가장 효과적으로 가져올 수 있도록 해야 한다. 그러한 원칙에 기초를 두고, 그러한 형태로 정부를 만드는 것이 국민의 권리이다.”

독립 선언서의 첫 부분을 읽은 몽테스키외 남작은 안경을 벗었어요.

“반란을 일으킨 식민지 이주자들은 영국의 오랜 적이었던 프랑스와 에스파냐의 도움을 받았어. 영국과 7년간의 피비린내 나는 싸움 끝에 이주자들이 승리하여 독립을 이루었지.”

존 로크의 교훈을 잊고 의회를 조종해서 권력을 휘둘렀던 조지 3세는 북아메리카 식민지를 잃어버렸어요.

“독립을 얻은 미국 정치인들은 1787년에 필라델피아에 모여 북아메리카를 어떻게 통치할 것인가 의논했어. 왕이나 국회는 물론 어떤 정치적 전통도 갖고 있지 않았던 그들은 오직 법을 따르기로 했어.”

“법이라고요?”

“그래. 그들은 스스로 법을 만들어 네 장의 양피지에 적고 헌법이라고 불렀어. 진정한 미국이 시작된 거야. 미국의 탄생은 유럽과 아메리카 다른 지역에 큰 영향을 주었어. 그것은 마치 커다란 철 덩어리가 대리석 바닥에 떨어진 것과 같았어."

"대리석이 산산조각이 났겠군요!"

"18세기 유럽에서는 법에 바탕을 두지 않고 왕과 귀족이 마음대로 정치를 했거든. 법에 따라 정치를 한다는 미국의 결정은 정말 놀라운 일이었던 거야. 더군다나 미국 정부는 국민의 동의를 기초로 법을 만들었거든. 법으로 정한 국민의 권리는 국민의 귀중한 재산이었어. 그 모든 것은 국민을 위한 정부를 주장한 존 로크의 이념과 지혜로운 학자들의 사상에 바탕을 두었어. 드디어 철학자의 뜻이 왕을 대신하게 된 거야."

프랑스 혁명

"미국의 탄생은 막강한 영국 왕도 국민이 맞서면 거부할 수 있다는 것을 보여 주었어. 1789년과 1799년 사이에 일어난 프랑스 혁명도 몇 세기 동안 이어졌던 전통의 세계가 무너지는 모습을 보여 주었지."

"프랑스 혁명이오?"

"프랑스는 유럽에서 가장 강하고 부유한 나라였어. 왕은 많은 돈을 들여 새로운 궁전을 짓고 파티를 벌였지. 또 영국과의 전쟁에도 많은 돈을 썼어. 그 결과 백성들은 굶주렸고, 빵을 달라고 항의했지. 결국, 18세기 말에 이르자 프랑스는 많은 빚을 지게 되었어. 그런데도 프랑스 왕 루이 16세는 이런 문제에 전혀 신경 쓰지 않고 베르사유 궁전에서 호화롭게 살았지."

몽테스키외의 목소리가 살짝 떨렸습니다.

"루이 16세는 1789년에 세금 문제를 논의하기 위해 삼부회를 소집했지. 삼부회라고 부르는 그 회의에는 성직자와 귀족, 부르주아의 대표들이 참석했어. 부족한 돈을 구하려고 세금을 더 거둬들이려는 계획을 세웠던 거야."

"부르주아가 뭐예요?"

"부르주아는 중세에는 '성안에 사는 사람'을 뜻하는 말이었어. 18세기에 이르러서는 대항해 시대 이후로 무역으로 돈을 벌어 땅을 갖게 된 부유한 사람들을 부르주아라고 불렀단다. 이들은 평민 대표로 삼부회에 참여했어."

부르주아에 대해 설명한 남작은 이야기를 계속했어요.

"세금 징수에 대한 개혁이 결정이 나지 않자 루이 16세는 삼부회에 모였던 사람들에게 돌아가라고 했지. 삼부회를 해산시킨 루이 16세의 행동 때문에 결국 일이 터지고 말았단다."

"무슨 일인데요?"

"부르주아 대표들은 군주의 명령을 따르지 않기로 했어. 그들은 '우리는 국민을 위해 여기 모인 것이다. 우리를 물리치려면 총과 칼을 써야 할 것이다.'라고 했지. 그리고 새로운 헌법을 만들기 전에는 누구도 돌아가지 않겠다고 맹세했어. '국민이 진정한 왕이며 왕은 국민을 위해 헌신해야 한다.'는 선언과 함께 국민 의회▶를 결성했지."

"왕은 어떻게 했나요?"

"그 말을 듣고 화가 난 루이 16세는 군대를 이용해 자신의 권위를 되찾으려고 했지. 하지만 파리 시민은 왕의 계획을 눈치챘어. 그들은 분노하여 바스티유 감옥을 습격했지. 프랑스 국민은 국왕이 아닌 국민 의회를 믿었단다. 국민 의회는 1789년 8월, 인간의 자유와 평등의 원리를 담고 있는 '인권 선언문'을 승인했어."

몽테스키외 남작은 눈을 감고 잠시 숨을 고른 다음 인권 선언문의 내용을 떠올렸어요.

시대를 대표하는 길라잡이가 안내하는 세계사

'인간은 평등한 권리를 가지고 태어났다. 그 권리는 자유, 재산, 안전이다. 그것이 위협받을 때 저항할 수 있는 권리도 있다.'

몽테스키외 남작은 눈을 떴습니다.

"이 사건이 바로 1789년에 있었던 프랑스 혁명이지."

"미국이 영국으로부터 독립하기 위해 싸웠던 것과 비슷하네요!"

"하지만 프랑스 혁명의 결말은 미국과는 달랐단다. 인간의 자유와 평등을 외쳤던 프랑스 혁명의 희망은 금세 공포와 혼란으로 바뀌었지. 성난 폭도들은 왕의 추종자라고 의심되는 사람과 귀족을 쫓아다니면서 죽였단다. 혁명을 거부한 루이 16세는 변장하고 가족들과 함께 오스트리아로 몰래 도망가다가 국왕이라는 신분이 발각되어 다시 잡혀서 파리로 끌려왔어. 1793년 그는 재판을 받고 처형되었단다.”

머리를 자르는 사형 도구인 단두대가 보였어요. 하얗게 질린 루이 16세가 단두대 앞에 섰습니다. 날카로운 칼날이 순식간에 루이 16세의 목을 향해 내려오자 세르지오는 눈을 질끈 감았습니다.

“루이 16세가 죽고 나자 프랑스에서는 왕 대신 국민을 대표하는 사람들이 의회를 만들어 프랑스를 이끌어 나갔어. 변호사, 철학자, 상인, 사제, 군인, 모험가, 수학자, 시인 등 다양한 직업을 가진 사람들로 이루어진 국민 공회가 국가의 문제를 결정했지.”

원형 극장처럼 생긴 넓은 회의장이 보였습니다. 의원들이 서로 얼굴을 맞대고 토론하고 있었어요. 아랫줄에는 지롱드파 당원들이 앉아 있고, 급진적 혁명파였던 자코뱅파 당원들은 윗줄에 있었습니다.

"지롱드파 당원들에게 혁명은 왕을 사형에 처하고 귀족 제도를 폐지한 다음 인권 선언을 완성할 기회였어. 하지만 자코뱅파 당원들은 혁명의 힘을 더 강하게 이용하고 싶어 했지."

세르지오는 하얀 머리 때문에 얼굴이 더욱 창백해 보이는 한 남자가 강단 위로 올라가는 것을 보았어요. 그는 평등과 미덕, 이성을 갖춘 국가 이야기를 했습니다. 프랑스의 적에 관한 이야기도 했어요. 그는 혁명의 이념을 가로막는 사람은 누구든 다 적이라고 단호하게 말했습니다.

"공화국의 무기는 공포이며, 공화국의 힘은 덕행이다."

그의 눈빛은 흥분으로 가득했어요.

그 모습을 지켜보던 몽테스키외 남작이 입을 열었습니다.

"바로 자코뱅파의 지도자였던 막시밀리앙 드 로베스피에르야. 그는 프랑스 혁명을 등에 업고 국가의 적이라고 생각되는 사람들에게 사형 선고를 내렸단다. 루이 16세의 지지자는 물론이고, 자신의 의견에 동의하지 않는 사람에게까지도. 그는 국민 공회를 함께 이끈 지롱드파 당원들에게도 사형 선고를 내렸어. 그것은 공포 정치였지."

세르지오는 고대 로마 황제들이 자행했던 공포 정치가 떠올랐습니다.

"로베스피에르가 속한 자코뱅파 당원들이 통치하는 1794년까지, 단두대는 쉬지 않고 사형을 집행했지. 마침내 국민 공회 의원들이 '더 이상 피를 흘리지 말고 독재자는 물러가라.'고 외치면서 로베스피에르에게 반기를 들었어. 결국, 그도 단두대로 보내졌

어. 로베스피에르 뒤를 이어 새로
권력을 잡은 정치가들은 다섯 명의
총재로 구성된 총재 정부를 만들
었어. 총재 정부는 소란을 잠재우
고 가장 중요한 원칙에 따라 나라
를 운영했지. 가장 중요한 것은 바
로 모든 프랑스 인이 법 앞에 평등
하다는 것, 바로 그것이었단다.”

국민 공회 시기에 권력을 잡은 자코뱅 파의 공포 정치가 심해지자 국민 공회 중에서도 이대로는 어렵다고 판단한 사람들이 로베스피에르를 처형했다. 국민 공회는 이 사건을 계기로 공화정을 지속하는 것은 무리하고 판단하고, 군인과 일정한 면적의 토지를 지닌 사람들만이 국가를 통치할 수 있다고 생각하게 되었다. 이런 통치 체제를 과두 정치라고 하는데 1공화정에서 생각하던 정치 체제와는 사뭇 다른 체제로 돌아갔다. 그들은 원로원과 500인회를 구성하고 두 조직에서 선출한 다섯 명으로 내각을 만들었다. 이때 다섯 명을 부르는 명칭이 총재였고 이 시기의 내각을 총재 정부라고 불렀다.

나폴레옹

이때 프랑스 주변 국가의 왕들은 왕까지 단두대로 보내는 프랑스 혁명에 반대했습니다.

"프랑스 혁명에 반대하는 외국의 적들을 무찌르는 것이 총재 정부의 가장 중요한 임무였어. 총재 정부의 적은 오스트리아와 프로이센, 러시아였지."

몽테스키외는 수많은 프랑스 사람들의 피로 이룬 프랑스 대혁명이 어떻게 자유와 평등을 잃어버리고 독재 정부로 돌아가게 되는지 알려 주었습니다.

"유럽의 적들과 맞서 싸운 전쟁을 용맹하게 이끈 프랑스 젊은 군인이 있었어. 그 젊은 지휘관이 나폴레옹 보나파르트야."

"나폴레옹! 알아요. 백마를 타고 멋진 모자를 쓴 나폴레옹 그

림을 본 적이 있어요."

세르지오가 나폴레옹을 안다고 하자 몽테스키외는 신이 나서 이야기했습니다.

"용감하고 뛰어난 장군이었던 나폴레옹은 불가능이란 없다고 생각했어. 1799년 정권을 장악한 그는 프랑스 통령 정부의 첫 번째 통령이 되었어. 5년 뒤인 1804년에 교황 비오 7세는 나폴레옹을 프랑스의 황제로 임명했지. 혁명이 재능 있는 사람에게 기회를 준다는 것을 몸소 보여 준 거야. 나폴레옹은 자기 자신을 진보와 새로운 이념의 대표자라고 생각했어. 나중에는 독재자가 되었지만 말이야."

몽테스키외 남작이 하늘을 보며 외쳤어요.

"아, 끔찍한 전쟁이 나폴레옹을

위대한 인물로 만들었어. 나폴레옹은 빈손에서 시작해서 결국 황제 자리까지 올랐어. 그는 1800년 마렝고 전투를 시작으로 하여, 1809년 바그람 전투까지 계속 승리했어. 영국, 오스트리아, 프로이센, 러시아 같은 강대국으로 구성된 연합군도 나폴레옹을 막을 수는 없었지.”

“나폴레옹은 위대한 장군이었군요.”

세르지오는 나폴레옹의 군대가 왜 그를 존경했는지 알 수 있었어요. 그는 계속해서 이겼으니까요!

“나폴레옹은 유럽의 많은 나라들을 순식간에 집어삼키고, 군대를 제압했으며, 바둑알을 쓸어 내듯 왕좌에서 왕들을 끌어내렸어. 1810년에 나폴레옹은 카를 5세의 신성 로마 제국보다 훨씬 더 큰 제국을 다스렸지. 영국과 러시아를 제외한 대부분의 유럽 국가가 그의 발아래 항복했단다. 에스파냐도 1808년 나폴레옹에 점령당했어. 나폴레옹은 자신의 형인 조제프를 에스파냐의 왕으로 임명했지.”

세르지오는 화가 고야가 있던 시대에 에스파냐가 프랑스에 점령당했다는 이야기를 할아버지에게 들은 적이 있었어요.

“나폴레옹에게 점령당한 유럽 국가들은 프랑스 군대에 대항해 보았지만 그 힘을 꺾을 수가 없었어. 그러나 한 가지! 이 강력한 프랑스 황제를 무너뜨릴 수 있는 것이 있었어. 바로 나폴레옹 자신의 오만함이었지."

"오만함이라고요?"

"그래. 오만함! 승리에 승리를 거둔 나폴레옹은 유럽 동쪽에 있는 러시아로 눈을 돌렸지. 나폴레옹은 러시아가 프랑스에 대항할 수 있는 힘을 가지고 있는 국가라고 생각하고 항상 경계했어. 그래서 러시아가 영국과 교역하는 것을 금지하는 대륙 봉쇄령도 내렸어."

"나폴레옹이 결국 러시아와도 싸웠나요?"

"러시아의 알렉산드르 1세는 영국과 교역하지 말라는 나폴레옹의 대륙 봉쇄령 명령을 어겼어. 게다가 오스트리아와 프로이센에게 함께 힘을 모아 나폴레옹과 싸우자고 제안했지. 그 사실을 안 나폴레옹은 알렉산드르 1세를 응징해야겠다고 결심했어."

"어떻게요?"

세르지오는 나폴레옹이 어떻게 했을지 궁금했습니다.

"러시아의 모스크바를 정복하기로 한 거야. 러시아 원정을 위해 나폴레옹은 자신의 제국 전체에서 군인을 모았어. 프랑스를 비롯해 이탈리아, 벨기에, 네덜란드, 폴란드, 오스트리아 그리고

독일의 군인들로 구성된 보병대 50만 명과 기병대 20만 명을 준비했지. 나폴레옹은 이 거대한 군대를 이끌고 러시아를 향해 갔지."

세르지오는 끝이 보이지 않는 나폴레옹의 군대가 강을 건너 행군하는 모습을 보았어요.

"그런데 알렉산드르 1세의 러시아 군대는 어디에 있었을까?"

세르지오가 답을 찾느라 고민하는 사이, 몽테스키외 남작이 미소를 지으며 대답했습니다.

“러시아 군대는 나폴레옹 군대가 모스크바에 도착할 때까지 계속 후퇴하며 전투를 피했어. 나폴레옹이 모스크바에 들어갔을 때, 도시는 텅 비어 있었지. 모스크바 사람들은 이미 떠나고 없었던 거야.”

창밖으로 모스크바의 성당과 궁전이 나타났습니다. 황금색 둥근 지붕들이 햇빛을 받아 반짝였습니다. 노란색, 초록색, 분홍색으로 칠한 나무로 지은 집도 보였습니다.

“모스크바에 개미 한 마리도 없다는 보고를 받은 나폴레옹은 뭔가 잘못되었다는 것을 느끼고 불안해졌지.”

나폴레옹이 알렉산드르 1세의 크렘린 궁전 안을 걸었어요. 며칠째 쉬지 못한 부하들은 말없이 그의 뒤를 따랐습니다. 마침내 나폴레옹이 의자에 앉았습니다. 그는 전쟁터에서도 한눈에 알아볼 수 있는 커다란 삼각 모자와 외투를 벗지 않은 채 앉아서 눈을 감고 있었습니다. 그때 깊은 생각에 잠겨 있던 나폴레옹에게 한 병사가 달려와 소식을 전했습니다.

“모스크바가 불타고 있습니다!”

나폴레옹이 벌떡 일어섰습니다.

“모스크바에 커다란 불이 났다고? 이건 프랑스 군대를 압박하기 위해 러시아 인이 직접 불을 지른 걸 거야.”

불타는 도시에 나폴레옹과 그의 군대만이 있었습니다. 게다가 러시아의 무시무시한 겨울이 다가오고 있었죠. 결국 러시아의 겨울을 맞게 된 나폴레옹은 알렉산드르 1세와 제대로 싸워 보지도 못한 채 프랑스로 돌아가기로 했습니다. 눈보라를 맞으며 러시아의 얼어붙은 들판을 가로질러 돌아간다는 것이 결코 쉬운 일은 아니었습니다.

"영하 18도의 추위 속에서 나폴레옹 군대는 가도 가도 끝없는 들판과 숲을 지나야 했지. 군인들은 발에 동상이 걸렸고, 손가락은 시퍼렇게 얼어 총을 놓치기도 했어. 말들은 온몸에 서리가 맺혔어. 그들은 추위와 배고픔을 견디며 행군을 계속했어. 때로는 러시아 농민 군대인 카자크▌의 추격을 받기도 했어. 정말 끔찍했지. 60만 명이 넘는 대군으로 출발한 러시아 원정군 중 고작 5만 명 정도만 프랑스로 돌아갈 수 있었단다."

나폴레옹의 군대가 힘겹게 돌아가는 모습이 눈앞에 펼쳐졌습니다. 부서진 무기, 구멍 뚫린 북, 누

더기가 된 군복, 찢긴 깃발, 말과 군인의 얼어붙은 시체들이 널브러져 있었어요.

"나폴레옹이 러시아 땅에서 실패하여 군사력이 약해지자 그동안 숨죽이고 있었던 프랑스의 반대 세력들이 일제히 프랑스를 공격했어. 영국에서는 웰링턴 장군이 프랑스를 향해 출발했고, 러시아에서는 카자크 군대가 쳐들어갔지. 오스트리아와 프로이센도 에스파냐와 함께 힘을 모았어. 나폴레옹은 이들 연합군과의 전투에서 패배하고 1814년에 엘바 섬으로 유배되었단다. 하지만 나폴레옹은 1815년에 파리로 돌아가 황제 자리를 다시 차지하고 워털루에서 전투를 벌였지만 또다시 패배하고 영국에 항복했어. 그 결과 나폴레옹은 황제 자리에서 쫓겨나고 루이 16세의 동생인 루이 18세가 왕위에 올랐지. 영국의 포로가 된 나폴레옹은 1821년 세인트헬레나 섬에서 죽었어."

세르지오는 한때 유럽 대륙을 호령했던 나폴레옹의 마지막 모습이 무척 쓸쓸했겠다는 생각이 들었습니다.

해방자들

세르지오는 나폴레옹 황제의 비참한 최후를 생각하다 잠이 들었습니다. 다음 날, 새로운 이야기가 세르지오를 기다리고 있었습니다. 몽테스키외 남작은 유럽 인이 식민지로 삼았던 중남 아메리카에 대한 이야기부터 시작했습니다.

"세르지오야, 에스파냐가 포르투갈과 함께 16세기와 17세기에 대항해 시대를 열었다는 얘기를 들은 적 있지? 그때 에스파냐와 포르투갈 탐험대는 남아메리카까지 갔단다. 그들에게 아메리카는 황금이 숨겨져 있는 보물섬과 같은 곳이었거든. 황금으로 가득 찬 땅에 대한 소문을 들은 에스파냐 사람 에르난 코르테스도 1518년에 200명의 군인들과 함께 남아메리카로 향했단다."

"아메리카에는 진짜 황금이 있었나요? 그런데 군대는 왜 함께 갔나요?"

세르지오는 아메리카에 황금이 진짜 있다면 군인들에게 빼앗길 거 같다는 생각이 들어 마음이 조마조마했어요.

"코르테스가 도착한 멕시코 근처에는 황금 보다 더 귀한 것이 있었단다. 그곳에는 찬란한 아스테카 문명을 자랑하는 왕국이 있었어. 수학과 건축 기술이 발달했던 아즈텍 사람들은 그림과 건축에 뛰어난 재주가 있었지. 코르테스는 무력을 이용해서 아스테카 왕국의 수도인 테노치티틀란을 정복했단다. 에스파냐 군대가 가지고 있던 화약 같은 과학 기술이 아스테카 왕국에는 없었기 때문에 그들은 에스파냐 군대를 막을 수가 없었어. 에스파냐는 이렇게 남아메리카를 점령하고 통치하기 시작했어."

몽테스키외 남작은 아메리카 원주민들이 황금보다 더 큰 것을 잃었다고 했어요. 그때부터 에스파냐 사람들은 남아메리카로 이주해서 식민지를 건설하고 직접 통치했습니다.

"18세기 말에 이르자 에스파냐의 지배를 받던 남아메리카에 바깥세상 소식이 전해지기 시작했어. 특히 세 가지 사건에 대한 소식이 파도처럼 밀려왔지. 하나는 북아메리카에 있는 미국의 독립, 또 하나는 국민의 자유와 평등을 내세운 프랑스 혁명, 마지막으로 나폴레옹이 에스파냐를 침략했다는 것이었어. 특히 나폴레옹이 에스파냐를 침략했다는 소식을 들은 남아메리카에 있던 에스파냐 이주자의 후손들은 에스파냐 왕을 도울지 아니면 미국처럼 독립할지를 선택해야 했어.”

세르지오는 남아메리카도 이제 변화의 바람을 맞이해야 한다는 생각이 들었습니다.

“미국의 독립과 프랑스 혁명은 남아메리카에 살던 에스파냐 이주자들에게 큰 깨달음을 주었어. 그들은 ‘우리가 왜 에스파냐 왕에게 고개 숙여야 하지? 우리 스스로 무역하고, 우리 스스로 통치할 수는 없을까?’라고 생각했어. 이 생각이 남아메리카에 있는 에스파냐의 식민지 독립의 발단이 되었어. 19세기 초의 일이지.”

몽테스키외 남작은 그 당시 남아메리카 상황을 좀 더 자세하게 이야기했습니다.

“미국이 독립하는 데 독립군 총사령관이자 미국 최초의 대통령이 된 조지 워싱턴이 있었다면, 남아메리카 혁명의 가장 빛나는 별은 시몬 볼리바르란다. 베네수엘라 청년, 볼리바르는 카리

브 해에서 태평양과 페루까지의 남아메리카가 에스파냐로부터
해방되도록 독립 운동을 지휘했어.”

몽테스키외는 목소리에 힘을 주어 말했습니다

“볼리바르는 이렇게 말했지. ‘자연이 우리의 계획을 방해한다
면, 자연과 맞서 싸워 우리에게 복종하게 할 것이다.’라고 말이
야. 콜롬비아와 베네수엘라를 에스파냐의 지배로부터 독립시키

기 위해 그가 군대를 이끌고 얼어붙은 안데스 산맥을 넘을 때 이
말은 실현되었어.”

세르지오는 볼리바르가 이끄는 2,500명의 군인을 보았습니다.
그들은 두통과 구역질에 시달리고 심한 눈보라를 맞으며 얼어붙
은 절벽 사이로 대포와 말을 끌고 갔어요. 그들은 에스파냐 군대
와 두 번 크게 싸웠습니다. 볼리바르 군대가 모두 이겼습니다.
기뻐하는 군인들 사이에서 승리에 감격해하는 볼리바르가 보였
어요.

“볼리바르의 목표는 남아메리카도 미국처럼 연방으로 결성된
독립국이 되는 것이었어. 에스파냐 식민지였던 콜롬비아와 베네
수엘라를 독립 전쟁에서 승리로 이끈 볼리바르는 1822년 칠레의
독립을 주도한 산마르틴 장군과 만났어. 볼리바르와 산마르틴은
남아메리카의 해방자였어. 두 사람은 힘을 합쳐 남아메리카의 독
립을 이룰 수도 있었지만, 그렇게 하지 않았어. 왜냐하면 해방에
대한 생각이 조금 달랐거든.”

“두 사람은 생각이 달라서 싸웠나요?”

“아니. 산마르틴은 볼리바르에게 남아메리카 해방 지도자의
자리를 양보했어. 산마르틴은 볼리바르에게 ‘나는 내가 맡은 임
무를 완수했소. 앞으로의 영광은 당신 것이오. 나는 고향으로 돌

아가겠소.'라고 말하고 아르헨티나로 돌아갔어. 그 뒤 1824년에 볼리바르는 페루에서 에스파냐 군대를 무찌르고 페루의 독립을 이루었지."

몽테스키외는 그것을 계기로 에스파냐의 식민지 간섭이 끝났다고 했어요.

"이렇게 에스파냐의 남아메리카 통치는 막을 내렸지만 볼리바르와 산마르틴의 투쟁을 통해 독립한 나라들이 서로 전쟁을 벌이기 시작했어. 그들은 독립국이 되기는 했지만 볼리바르가 바랐던 남아메리카의 연합 정부를 실현시키지는 못했어. 미국과 같은 남아메리카 공화국을 꿈꾸었던 볼리바르는 1830년 47세의 나이로 세상을 떠났단다."

프랑스 혁명, 절반의 성공, 절반의 실패

1789년 프랑스 혁명은 루이 16세와 왕비 마리 앙투아네트의 사치 때문에 일어났을까?

커다란 혁명이 그런 단순한 이유로 폭발적으로 일어나는 것은 아닐 거야. 루이 16세의 할아버지인 태양왕 루이 14세, 그는 프랑스, 아니 유럽의 절대 군주로 이름이 높지만 오랜 기간 통치하면서 베르사유 궁전을 짓는다든가 다른 나라와 수많은 전쟁을 벌이느라 국민에게 자꾸 세금을 늘려서 걷었단다. 그래서 말년에는 사람들에게 원망을 많이 듣게 되었다고 해.

루이 14세가 죽고 루이 15세가 이어받은 프랑스에는 변화에 대한 큰 열망을 간직한 사람들이 많았어. 루이 16세 때는 기후 조건이 좋지 않아서 흉년이 들고, 물가는 한없이 오르고, 프랑스와 사이가 나쁜 영국이 아메리카와 전쟁을 벌이자 아메리카를 지원해 주느라 부족한 나랏돈이 더욱더 모자라는 상황이었어.

루이 16세는 이런 어려운 경제 상황을 호전시켜 보려고 삼부회를 소집했단다. 삼부회가 무엇이냐고?

당시 프랑스는 세개의 신분으로 나뉘었어. 제1신분이 성직자, 제2신분이 귀족 그리고 성직자와 귀족을 제외한 나머지 사람들이 제3신분이었어. 제1신분과 제2신분은 엄청난 특권은 누리면서도 세금을 내지 않았다고 해.

왕이 소집한 목적은 그들에게 세금을 올려야 하는 사정을 설명하고 이를 통과시키기 위해서였어. 결국, 제1신분과 제2신분은 계속 세금을 내지 않고, 오히려 제3신분만 세금을 더 내게 되었어.

그래서 제3신분이 거부하고 나섰단다. 그들은 테니스 코트에 모여서 헌법이 제정되기 전까지는 총칼의 위협이 있어도 해산하지 않겠다고 선언하고는 국민 의회를 구성했단다. 루이 16세는 제3신분의 요구를 받아들이기는커녕 진압할 계획을 세웠고 학살이 있을 것이라는 소문까지 돌았다고 해. 그 당시의 상황이 얼마나 흉흉했을지 상상이 되니?

파리 시민은 이런 상황에서 무기고를 털어 스스로 무장을 하고 1789년 7월 14일에 바스티유 감옥을 습격했어. 총격전 끝에 바스티유 감옥이 함락되면서 혁명의 불길이 전국으로 퍼져 나가게 되었어. 국민 의회는 인권 선언을 발표하고 개혁에 착수했지.

루이 16세의 가족은 외국으로 도망치려다가 그의 얼굴을 알아본 수비대에 의해 다시 끌려왔는데 이들의 처벌을 놓고 국민 의회 사람들 사이에 의견이 갈렸어. 살려 주려는 쪽과 처형하려는 쪽으로. 결국, 루이 16세와 마리 앙투아네트는 단두대에서 처형되고 말아.

국민 의회가 발표한 인권 선언은 그대로 실현되었을까?

국민 의회에서는 인권 선언으로 자신들의 혁명 정신을 표현했단다. 인권 선언 1조를 보면 '인간은 태어나면서부터 자유와 평등의 권리를 가진다.'라고 되어 있어 읽기만 해도 마음이 뿌듯해지지.

하지만 현실에서는 그런 정신이 실현되는 모습을 보기가 어려웠어. 제3신분이라고 해도 그 안에 상당히 다양한 사람들이 있어서 직업도 재산도 사는 방식도 다 달랐어. 그들은 제1신분과 제2신분에 대항해서 함께 싸웠지만 프랑스 혁명의 열매를 독차지한 사람들은 주로 돈이 많은 부르주아였단다.

그들은 함께 연대해서 싸운 가난한 사람들은 제대로 배우지도 못하고 재산도 없으므로 자신들과 똑같은 권리를 누릴 자격이 없다고 생각했어. 그래서 세금을 낼 수 있을 만큼의 재산이 없는 사람들에겐 선거권을 주면 곤란하다고 생각했단다. 그러니 가난한 노동자, 농민, 여성들에게는 선거권을 줄 수 없다고 했어.

이런 상황은 프랑스 혁명에만 해당하는 것은 물론 아니었단다. 미국 독립 선언문의 경우도 마찬가지야. 인간은 평등하다고 했지만, 노예와 여성들에게는 선거권이 부여되지 않았으니까 말이야.

자코뱅파 vs 지롱드파

프랑스 혁명이 왜 공포 정치로 치닫게 되었는지 이해하는 것이 중요하단다. 그러기 위해서 알아야 할 표현이 몇 가지 있는데 한번 귀 기울여들어 볼래?

프랑스 혁명이 일어나는 데 제3신분의 역할이 컸다는 사실을 알고 있지? 그런데 혁명이 시작되자 제3신분의 의회 의원 사이에서 의견이 갈라지기 시작했어. 왕이 예전처럼 절대 권력을 갖지 않는다면 왕은 그대로 두고 의회에서 법을 만들어 정치하는 입헌 군주제로 충분하다고 생각하는 사람들과 아니다, 왕이 왜 필요한가, 독립한 미국처럼 공화정으로 가자는 사람들, 이렇게 생각이 갈라진 거야.

그러자 이번에는 이 사람들 사이에서 싸움이 벌어졌지. 그런데 이 와중에 입헌 군주제를 주장하던 사람들은 루이 16세가 가족과 외국으로 도망치다가 잡히는 바람에 곤란한 상황에 놓이게 되었단다. 왕을 어떻게 할지 또 의회 의원들 사이에서 논란이 생겼어.

이때 왕을 단두대에서 처형하자는 아주 강력한 의견이 이겼단다. 이런 결정에는 자코뱅파인 로베르피에르의 강경한 주장이 힘을 발휘했지.

여기서 나오는 자코뱅파란 원래 자코뱅 수도원에 모여서 활동한 사람들을 가리키는 말이었지만 나중에는 정치적으로 제3신분중에서도 소부르주아, 혹은 조금 더 권력에서 소외된 사람들을 위해서 일하는 사람들을 일컫는 용어로 쓰이게 되었지.

그렇다면 지롱드파는 뭘까? 지롱드도 원래는 지역 이름이라고 해, 지롱드 출신들이 주로 모인 정치적인 단체로 부르주아를 비롯해서 경제적으로 여유 있는 제3신분이 많았다고 해. 그들은 너무 파격적인 개혁은 피하고 싶어 했어. 왕이 물러났으니 그것으로 된 것 아닌가 하고 생각한 거지.

더군다나 프랑스 왕이 처형되자 프랑스를 견제하려는 나라들이 서로 연합했어. 그들은 프랑스 혁명이 자신들의 나라까지 번지는 것을 전혀 원치 않았거든. 이렇게 되자 프랑스 사람들은 위기감을 느꼈어. 프랑스에 맞서려고 동맹을 맺은 나라들이 쳐들어오면 바로 전쟁을 해야 하는 상황이 되었으니까.

이런 상황이 되자 아무래도 강경한 입장을 지닌 사람들의 발언권이 커졌어. 그 결과로 혁명을 지키기 위해 혁명에 반대하는 세력을 색출할 수 있는 권한이 로베스피에르를 비롯한 자코뱅파에게 주어지게 되었단다. 그러자 그들은 혁명에 해를 가하는 사람들만이 아니라 해를 가할지도 모른다는 의혹이 있는 사람들까지 잡아들여서 처형했단다.

생각해 봐, 이것이 얼마나 끔찍한 상황인지. 심증만으로 체포당해서 목숨을 잃을 수도 있는 상황이 되자 사람들은 수군거리기 시작했어. 원래 혁명이 시작될 때만 해도 희망에 차 있던 사람들이 과연 이 혁명이 어디로 갈지 알 수 없게 된 것이지. 그러자 국민 의회 내에서도 자코뱅파를 의심하는 목소리가 높아졌어. 결국 로베스피에르가 기소되어 처형당하면서 프랑스 혁명은 새로운 방향으로 나가게 되었단다.

진보의 세기

조지프 콘래드 Joseph Conrad, 1857~1924

몽테스키외에 이어 등장하는 다섯 번째 안내자의 이름도 낯설지? 이렇게 차례로 낯선 안내자들이 등장하는 이유가 무엇일까? 이런 인물들은 그들이 소개하는 당시의 시대 정신을 이해하는 데 아주 중요하단다.

조지프 콘래드는 폴란드에서 태어났어. 그는 불행히도 열두 살에 부모를 모두 잃고 어렵게 살았어. 그는 배를 타게 되었고 선원이 되어 여러 나라를 다니면서 많은 경험을 했지. 그중에서도 아프리카를 오가며 경험한 잊을 수 없는 일들이 그가 소설을 쓰게 된 원동력이었다고 해. 그는 해양 문학의 개척자라는 말을 듣는 소설가야. 그의 소설은 영문학에서 아주 중요하게 다룬단다. 그는 19세기 중반에서 20세기 초반에 걸쳐 살았는데 이 시기는 세계사에서 선진국들의 제국주의 시대와 맞물리지. 또 제1차 세계 대전이 일어난 시기도 포함한단다. 그래서 그의 안내를 통해 더욱 진하고 깊이 있게 그 시대를 느낄 수 있을 거야. 지금 당장은 그의 소설을 읽는 것이 어려울 수도 있겠지만, 콘래드라는 이름을 기억했다가 조금 더 자라 문학 작품을 읽을 수 있을 때, 〈로드 짐〉, 〈암흑의 핵심〉과 같은 책을 보면 '아하! 그때 그 안내자가 쓴 작품이로구나.' 하고 조금 더 흥미롭게 다가갈 수 있을 거야.

볼리바르를 마지막으로 몽테스키외 남작이 이야기를 끝냈습니다. 남작은 처음 만났을 때처럼 정중하게 작별 인사를 하고 떠났습니다.

이틀 뒤, 비가 세차게 퍼붓는 토요일 오후였습니다. 다섯 번째 역사 안내자가 세르지오를 찾아왔어요.

검은 머리에 희끗희끗한 턱수염을 기른 그는 작은 키에 세일러복처럼 생긴 외투를 걸치고, 목까지 올라오는 스웨터에 흰 바지를 입고 있었어요. 그의 옷은 몹시 낡았지만 깔끔했고, 노련한 선장 같으면서도 귀족 같은 인상을 풍겼어요. 그는 검은 눈동자로 세르지오를 바라보았어요.

"세르지오, 안녕! 나는 소설가 조지프 콘래드란다. 1857년 폴란드에서 태어났지. 당시 폴란드는 러시아의 지배를 받았어. 폴란드 국민은 러시아로부터 해방되고 싶어 했지. 시인이자 혁명가였던 나의 아버지도 러시아를 무너뜨릴 계획에 가담했지만 체포되었어. 결국, 재판을 받고 러시아로 유배당하셨어.”

콘래드는 어두운 표정으로 먼 곳을 바라보았습니다. 잠시 침묵이 흘렀습니다. 그가 조용히 입을 열었습니다.

“어머니가 결핵으로 먼저 돌아가시고, 아버지마저 내가 열두 살 때 결핵으로 돌아가셨어. 나는 고아가 되었지. 열일곱 살 때 폴란드 크라쿠프 역에서 기차를 타고 프랑스의 마르세유로 갔단다. 마르세유 항구에는 관광하러 온 여행객이 많았어. 건달도 셀 수 없이 많았어. 나는 그곳에서 바다를 여행할 배를 기다렸어.”

세르지오는 콘래드가 외로워 보였습니다.

“저도 바다를 좋아해요. 바다는 아무리 봐도 싫증 나지 않거든요. 늘 같아 보이지만 언제나 다르죠.”

콘래드는 세르지오를 바라보며 한 소년을 떠올렸습니다. 상상력이 풍부하고 지도 보는 것을 좋아했던 소년, 보물섬을 찾아다니는 해적선에 온통 마음을 빼앗긴 소년, 새로운 세상에서 탐험과 모험을 하고 싶어 안달했던 소년. 바로 콘래드 자신이었습니다.

"나는 모험을 두려워하지 않는 뱃사람이기도 했단다. 20년 동안 배를 타고 여기저기 돌아다녔어. 배를 타고 중국과 뉴질랜드에도 가 보고, 콩고 강을 따라 아프리카 중심부도 여행했어. 배를 탄 사람들은 용감한 남자들이 대부분이었지만 때로는 정신이 좀 이상한 남자들도 있었어. 나중에 이런 이야기를 소설로 썼단다."

"모험 소설인가요?"

세르지오의 눈이 휘둥그레졌어요.

"내 소설에는 많은 모험 이야기가 나오지."

콘래드는 세르지오를 바라보며 조용히 말했습니다.

"지금부터 내가 너에게 이야기해 줄 19세기 역사도 내 소설에 나오는 모험 이야기처럼 흥미롭단다. 한번 들어 볼래?"

산업 혁명

▌ 산업 혁명

18세기 중엽부터 영국에서 시작된 현상이다. 상품을 만드는 방식이 집에서 소량으로 만드는 것에서 공장에서 기계를 이용해 대량으로 만드는 방식으로 바뀌었다. 그 이후로 사람들의 삶의 방식도 바뀌는 커다란 변화를 가져왔다.

"세르지오, 몽테스키외 남작이 얘기해 준 프랑스 혁명을 기억하니?"

콘래드가 창밖을 바라보며 세르지오에게 물었어요.

"그럼요."

"18세기 중반부터 19세기까지 많은 혁명이 일어났지. 그중 프랑스 혁명보다 훨씬 빠르게 세상을 변화시킨 혁명이 있단다. 그 혁명은 경제적인 풍요로움을 가져다주었지. 바로 산업 혁명이야."

세르지오는 순간 혼란스러웠습니다. '산업'이라는 말도 들어봤고 '혁명'이라는 말도 들어 봤지만 '산업 혁명'이라는 말은 처음 들어 보거든요.

"사람들은 '프랑스 혁명' 하면 자유와 평등 그리고 모든 사람에 대한 사랑을 떠올리지. 그럼 '산업 혁명'은 무엇을 생각나게 하는지 아니? 바로 공장이란다. 18세기 경제학자들은 공장을 가장 경이롭게 생각했어."

"공장을요?"

두 사람 앞에 18세기의 작은 공장이 나타났어요. 노동자 열 명

이 핀을 만들고 있었죠. 첫 번째 노동자는 철사를 잡아당기고, 두 번째 노동자는 그 철사를 똑바로 폈어요. 세 번째 노동자는 똑바로 편 철사를 자르고, 네 번째 노동자는 끝을 뾰족하게 만들었죠. 다섯 번째 노동자는 핀의 머리가 될 끝 부분을 다듬고 있었어요. 핀의 머리를 만들기 위해서는 두 가지 작업이 필요했는데, 이 작업은 여섯 번째와 일곱 번째 노동자의 몫이었어요. 다음 노동자가 가느다란 철사에 핀의 머리를 붙였어요. 마무리 작업을 거쳐 마지막 노동자가 완성된 핀을 종이에 올려놓았어요.

"너에겐 이 일이 보잘것없어 보일지도 모르지. 피곤하고 지루하기 짝이 없는 일이기도 하니까. 하지만 이 열 명의 노동자가 하루에 48,000개의 핀을 만들었단다. 집에서 각자 일했다면, 20개도 만들기 어려웠을 거야."

"하루에 48,000개나요?"

세르지오는 믿을 수 없다는 표정으로 콘래드를 쳐다보았어요.

"공장은 노동자들을 모아 서로 일을 나누어 하게 함으로써 생산량을 늘리는 곳이란다. 마음대로 쉴 수도 없었지. 이 방식으로 산업 혁명이 시작되었고 유럽의 자본가들은 공장을 이용해 부자가 되었단다."

세르지오는 노동자들을 바라보았어요. 그들은 이마에 흐르는 땀을 닦을 시간조차 없었죠.

"산업 혁명이 처음 시작된 나라는 영국이란다."

"산업 혁명이 왜 영국에서 처음으로 일어났어요?"

"거기에는 세 가지 이유가 있단다. 첫째, 18세기 중엽의 영국이 부유했기 때문이야. 둘째, 프랑스 혁명과 나폴레옹의 전쟁 때문에 유럽 대륙에 있는 다른 국가들은 성장할 틈이 없었어. 셋째, 산업 혁명에 필요한 발명을 대부분 영국에서 했지."

"산업 혁명에 필요한 발명품들이 무엇인데요?"

"세상을 바꾼 기계들이지. 산업 혁명에 결정적인 역할을 한 기계는 1769년 영국의 제임스 와트가 완성한 증기 기관이야. 증기 기관 덕분에 기차와 증기선이 만들어졌거든."

"기차요? 저, 기차 타는 거 굉장히 좋아해요."

세르지오의 눈앞에 최초의 증기 기관차가 나타났습니다. 조지 스티븐슨이 만든 최초의 기관차가 끝없는 철로를 빠르게 달려갔습니다.

"19세기 이전에는 육지에서 먼 거리를 오갈 때 마차 말고는 다른 교통수단이 없었어. 바다를 오가는 배 역시 고대 아테네의 배보다 조금 빨랐을 뿐이야. 하지만 증기 기관의 강력한 힘이 운송

수단에 적용되자 모든 것이 하루아침에 바뀌었어."

창밖으로 흰 연기를 뿜으며 바다를 가르며 나아가는 증기선이
보였습니다.

"기차와 증기선은 멀리 떨어진 국가와 도시를 가깝게 해 주었
어. 며칠씩 걸리던 여행을 단 하루면 할 수 있게 되었지. 몇 달이
걸리던 여행도 며칠이면 충분하게 된 거야. 최초로 기차를 탔던
사람들이 얼마나 놀랐을지 생각해 봐. 기관차의 기적 소리와 연
기, 그리고 그 빠른 속도를 상상해 보렴. 기차는 말보다 열 배, 스
무 배, 서른 배나 빨랐단다. 게다가 물건을 나르는 비용도 줄어들

었기 때문에 공장 주인과 상인들은 많은 돈을 아낄 수 있었어. 증기선도 마찬가지란다."

증기선을 말하는 콘래드의 눈이 반짝였어요.

"증기선은 이전의 배들과 달리 바람 없이도 항해할 수 있어. 1869년에는 지중해와 인도양을 이어 주는 수에즈 운하가 건설됨으로써 아시아에 바로 갈 수 있게 되었어. 그 전에는 바람의 방향에 따라 항해를 해야 했지만, 증기선은 바람과 상관없이 갈 수 있기 때문에 운하를 통과해서 바로 가는 것이 가능해졌지."

사막의 모래사장이 보였습니다. 그 한복판에 갑자기 거대한 물

평등의 씨앗

"19세기 정치가와 언론인은 한계가 없다는 말을 좋아했어. 그들은 인간이 어떠한 장애도 극복할 수 있다고 믿었으니까. 기차와 전신에 이어 전기가 상용화되어 삶을 더 편리하게 해 주었지. 수많은 사람이 새로운 생각을 내놓았고 날이 갈수록 세상이 발전했어. 그렇지만 발전이 그렇게 즐거운 것만은 아니었단다."

발전하는 것이 즐겁지 않다니……. 세르지오는 이해할 수가 없었어요.

"어째서요?"

"노동자들은 공장에서 아침부터 밤늦게까지 일해야 했어. 너무 지쳐서 졸면서 일을 할 정도였어. 공장 주인들은 어린아이도 고용했지. 어린아이라고 봐주지 않았어. 아침부터 저녁까지 어른 못지않게 힘들게 일했단다."

시대를 대표하는 길라잡이가 안내하는 세계사

"아이들도요?"

콘래드는 고개를 끄덕였어요. 그는 산업 도시들이 나날이 발전했고 가난한 농부들이 일자리를 얻기 위해 도시에 있는 공장으로 몰려왔다는 사실도 알려 주었죠.

"도시는 괴물이 되었어. 거대한 정글과도 같았지. 화려함 속에 비참함이 있었단다."

세르지오 앞에 도시가 나타났습니다. 시원하게 뚫려 있는 넓은

도로에 마차와 사람들의 행렬이 줄을 이었어요. 거대한 탑이 세워진 교회와 우아한 극장, 웅장한 법원도 있었어요. 가스등이 늘어선 거리의 카페에는 사람들이 모여 웃고 떠들었습니다. 다른 한편에선 쉴 새 없이 연기가 나는 굴뚝이 수없이 보였고, 시커먼 운하에 악취가 풍기는 강물이 흘렀어요. 좁은 골목의 초라한 벽돌집에서는 매일 쉬지 않고 일하러 나가는 노동자들이 살았어요. 뿌옇게 재를 뒤집어쓴 노동자의 거리였습니다. 이곳에 사람이 살 공간이 있고, 들이마실 공기가 있다는 것이 기적 같았어요. 이 모습을 본 세르지오의 표정이 좋지 않았습니다.

"너무 힘들어 보여요!"

"이것이 산업 혁명의 또 다른 얼굴이란다."

콘래드는 비위생적이고 불결한 거리를 가리켰어요. 그곳엔 노동자들과 일자리를 못 찾고 헤매는 사람, 불량배들이 살았어요.

"19세기의 산업 도시 대부분이 그랬지. 연기로 가득 찬 저 거리를 보렴. 너무 지저분해 보이지? 사람들의 얼굴 역시 어떤 기쁨과 희망도 없이 지쳐 보이지? 19세기 중반에 혁명가들이 그들이 사는 사회에는 문제가 많으며 변화가 필요하다고 주장했을 때 많은 사람들이 혁명가에게 열렬히 동조하고 사회가 변화하기를

간절하게 기대했어."

"혁명가는 무엇이 잘못되었다고 했나요?"

"그들은 공장에서 노동자들이 부당한 대우를 받는 것을 문제 삼았어. 정당하지 않은 방법으로 부자와 가난한 사람들에게 이익이 나누어진다는 것도 알렸어. 그들은 공장에서 벌어들이는 이익이 노동자의 것이어야 한다고 주장했어. 혁명가는 평등을 주장하고 사회가 변하기를 원했지."

콘래드는 모든 정치적 규율, 조직, 심지어 권위마저 거부하며 노동자의 평등을 주장했던 미하일 바쿠닌에 대해서 이야기했습니다. 러시아 혁명가였던 바쿠닌은 대표적인 무정부주의자였습니다. 그의 꿈은 국가를 무너뜨리고 부자들을 몰아내는 거였어요. 바쿠닌은 자유가 실현되는 사회를 이룰 때까지 열 번이 아니라 스무 번이라도 계속해서 투쟁해야 한다고 주장했어요. 유럽의 사회주의자들도 노동자들이 부당하게 대우받는 것을 비판하고 혁명으로 사회를 바로잡아야 한다고 주장했어요. 하지만 그들의 혁명 방법은 바쿠닌과 같은 무정부주의자들과는 달랐어요. 혁명을 위한 투쟁을 시작하기 전에 우선 노동자가 함께 뭉쳐야 한다고 설득했죠. 그렇게 되면 반드시 혁명에서 승리할 수 있다고요.

"1840년 영국과 프랑스에는 사회주의자들이 넘쳐 났어. 그중 마르크스라는 독일 청년이 있었는데, 그 역시 노동자들이 권리를 찾는 세상을 꿈꾸었지. 마르크스는 역사가이자 철학자였어. 그는 역사 공부를 토대로 해서 앞으로 펼쳐질 미래의 역사를 예측했지."

"어떤 미래를 예측했는데요?"

"마르크스는 산업 혁명과 함께 태어난 유럽 경제 체제인 자본주의의 최후를 예언했어. 그는 자본가의 이익만 늘어나고 노동자는 점점 빈곤해지는 자본주의가 무너지고, 노동자가 승리하여 노동자의 불평등이 존재하지 않는 공산주의 사회가 올 거라고 했어. 마르크스는 공산주의 대혁명이 금세 일어날 거라고 생각했어. 그는 유럽 전체가 폭발 직전의 화산과 같은 공산주의 위에서 놓여 있다고 주장했어. 곧 혁명의 폭풍이 몰려오는 것을 다 함께 볼 수 있을 거라고 얘기했어."

"그래서 어떻게 됐어요?"

"마르크스의 공산주의 사상은 당시 유럽에 큰 영향을 주었어."

콘래드는 공산주의라는 새로운 이념이 유럽에 큰 변화를 가져오기는 했지만, 그렇다고 자본주의가 사라진 것은 아니라고 했습니다.

"마르크스가 자본주의를 비판하고 공산주의 이념을 주장한

뒤, 유럽에서는 수많은 공산주의 혁명이 일어났지. 마르크스가

죽은 지 30년 뒤인 1917년 첫 번째 공산주의 혁명이 일어났어.

하지만 그 어떤 혁명도 자본주의를 무너뜨리지는 못했어."

여러 국가의 탄생

다음 날 어두워질 무렵 콘래드가 세르지오를 다시 찾아왔어요.

"잘 있었니?"

콘래드는 마르크스와 생각이 같았던 사회주의자에 대해 좀 더 자세히 이야기했습니다.

"사회주의자들은 자본주의 사회에서는 재산이 있는 사람들과 재산이 없는 사람들 사이에 정치적인 싸움이 벌어질 거라고 했어. 1848년에 마르크스와 그의 친구 엥겔스는 이런 생각을 담아 런던에서 '공산당 선언▌'을 발표했어. 그들은 '노동자가 혁명에서 잃을 것이라고는 쇠사슬뿐이요, 얻을 것

> **▌공산당 선언**
>
> 1848년 2월 혁명 직전에 발표된 강령으로 '만국의 노동자여 단결하라!'라는 구호가 널리 알려졌다. 당시는 산업화가 크게 진척되어 자본가들은 경제적으로 성장했지만, 그늘이 있었다. 노동자의 삶이 점점 어려워지자 그들에게 단결해서 새로운 사회로 가자는 강력한 권고를 담고 있는 선언문으로 노동 운동에 크게 영향을 주었다.

은 세계 전체다. 만국의 노동자여 단결하라.'라고 주장했어."

콘래드는 잠시 생각에 잠겼어요.

"마르크스와 엥겔스가 이 선언문을 발표했을 때, 유럽에서는 또 다른 투쟁이 일어났어. 그런데 그 투쟁은 마르크스와는 다른 길을 걸었단다."

"다른 길을요?"

"그것은 자유를 향한 길이었어. 나폴레옹이 스스로 황제가 되는 바람에 사라졌던 길이기도 해. 유럽의 귀족들이 자유를 부르짖었던 혁명이 일어나지 않았던 것처럼 자기 나라 국민들을 속이고, 빈 회의 이후에는 영원히 막으려고 했던 그 길 말이야."

"그 길이 무엇인지 모르겠어요. 그런데 빈 회의는 또 뭐예요?"

콘래드는 세르지오의 질문에 대답하지 않고, 오히려 세인트헬레나 섬에서 생을 마감한 나폴레옹에 대해서 갑자기 물었어요.

"세르지오, 나폴레옹의 최후를 기억하니?"

세르지오는 고개를 끄덕였습니다.

"프랑스 황제였던 나폴레옹이 워털루 전쟁에서 영국에 패배한 후, 영국, 프로이센, 오스트리아, 러시아의 외교관들이 빈에서 루이 18세가 보낸 특사와 만났어. 그들은 전쟁에서 패배한 나폴레옹을 어떻게 할 것인지 의논했고, 거기서 유럽의 평화 규약을 만들어 합의했단다. 그것이 바로 빈 회의야. 빈 회의의 가장 중요한 핵심은 '나폴레옹 체제 이전으로 돌아가자.'라는 것이었단다. 이 회의는 오스트리아의 외교관이었던 메테르니히의 주도로 진행되었어."

콘래드는 그 당시 메테르니히의 생각을 얘기해 주었어요.

"메테르니히는 매사에 신중하고 지적인 호기심이 많기는 했지만, 그 역시 신분이 귀족이었기 때문에 유럽 전체가 프랑스 혁명 이전의 상태로 돌아가서 왕과 귀족이 다시 권력을 잡기를 진심으로 바랐어."

세르지오는 유럽이 진짜 어떻게 되었는지 궁금해졌습니다.

"메테르니히의 바람이 이루어졌어요? 모든 것이 프랑스 혁명이 일어나기 전처럼 되었나요?"

"글쎄, 얼마 동안은 그랬다고 얘기할 수도 있겠구나. 영국만 빼놓고 말이다. 절대 군주들이 다시 유럽을 통치하게 되었고, 귀족과 교회는 어느 정도 권력을 되찾았지. 자유와 권리란 표현을 금지했고, 이에 복종하지 않으면 무서운 벌을 내렸어."

"그렇다면 프랑스 혁명은 아무 소용이 없었던 거예요?"

"빈 회의에 모였던 외교관들은 그렇게 되길 간절히 원했지. 하지만 이미 혁명의 이념이 많은 사람의 가슴속에 살아 있었기에 그렇게 되지는 않았어. 메테르니히도 프랑스 혁명 이전의 유럽으로 다시 돌아갈 수는 없을 거라고 일기장에 적어 놓았지."

"일기장에요?"

콘래드는 눈을 감고 메테르니히의 일기장 내용을 떠올려 보았습니다.

"그는 1819년 일기장에 '세상에 말할 수는 없지만, 나는 유럽에 종말이 올 것이라고 생각한다.'라고 썼지. 그로부터 11년 뒤에 자유를 향한 새로운 혁명이 터졌어. 1830년 파리에서 시작하여 유럽 전체로 퍼진 7월 혁명이 바로 그것이야."

다음 순간 창밖으로 오스트리아의 빈이 보였어요. 땀으로 범벅이 된 네 필의 말이 끄는 마차 한 대가 합스부르크 궁전의 드넓은 계단 입구에 멈추어 섰습니다. 마차에서 근심 어린 표정의 메테르니히가 내렸어요. 혁명 때문이었죠.

"독일과 이탈리아는 오스트리아의 군대 덕분에 혁명을 진압할 수 있었어. 폴란드에서는 러시아 군대가 혁명을 진압했단다. 하지만 혁명이 성공한 벨기에는 네덜란드로부터 독립했단다. 프랑스에서는 은행가와 자본가, 관료들로 이루어진 부르주아 계급이 귀족들을 왕궁에서 쫓아낸 다음 절대 군주제를 끝내고 권력을 잡았지."

메테르니히는 18세기 베르사유 궁전을 본떠 지은 아름다운 궁전으로 들어갔어요.

"그때 메테르니히는 자신이 가장 두려워하는 일이 일어나고 있다는 것을 확인했어."

창문 너머로 보이는 드넓은 홀과 긴 복도를 빠른 걸음으로 걸어가는 메테르니히에게서 세르지오는 눈을 떼지 못했어요. 콘래드가 덧붙였습니다.

"혁명이 잠시 멈추기는 했지만, 혁명의 불길은 계속 이어졌어. 1848년 파리에서 또 다른 혁명이 발생했어. 1830년과 마찬가지로 혁명의 열정이 순식간에 유럽에 번졌지. 2월 24일에 프랑스에서 혁명이 일어났어. 3월 11일에는 독일의 베를린에서, 이틀 뒤인 3월 13일에는 오스트리아의 빈에서 혁명이 터졌지. 혁명의 바람은 헝가리의 부다페스트에도 도달했어. 3월 18일에는 이탈리아의 밀라노까지 도착했어. 유럽에 불어닥친 혁명의 열기는 이전의 어떤 혁명보다 광범위했지만, 가장 부실하기도 했어. 프랑스에서 2월 혁명이 시작되자 혁명의 열매가 유럽의 많은 지역으로 퍼졌지만, 6개월 만에 대부분 혁명이 실패로 끝나 버렸어.”

하지만 혁명이 실패했다고 혁명의 정신이 사라진 것은 아니라고 콘래드는 얘기했어요.

“1848년의 혁명은 왕과 귀족이 권력을 되찾으려 했던 빈 회의의 규정을 무효로 만들었고, 빈 회의를 주도했던 메테르니히가 오스트리아에서 쫓겨나게 했지. 혁명에 대한 의지는 끊이지 않고 계속해서 이어졌어. 그러다가 19세기 후반에 이르러 1848년 혁명의 열망이 결실을 맺었단다.”

“혁명의 열망이 무엇이었는데요?”

“1848년의 혁명을 통해 사람들은 자신이 살고 있는 지역에 대한 애국주의와 민족주의를 확인할 수 있었어. 독일, 이탈리아, 헝가리, 폴란드, 루마니아는 국가를 세울 권리, 자신들의 미래를 결정할 권리를 주장했어. 그들은 오스트리아, 러시아, 오스만 제국이나 프랑스와는 다른 길을 걸었어. 이탈리아의 혁명가인 주세페 마치니도 이탈리아의 해방은 왕이나 귀족에 의해서가 아니라 민중의 힘으로 이루어진다고 했어.”

콘래드는 작은 목소리로 ‘민중의 힘’이라는 말을 되풀이했어요.

"마치니는 몇 개의 작은 국가로 나뉘어 있던 이탈리아가 공화 국으로 통일되기를 바랐어. 특히 오스트리아의 지배를 받던 북서 부 이탈리아의 통일을 위해 투쟁했어. 비록 마치니는 통일 이탈 리아의 꿈을 이루지는 못했지만 그의 생각은 젊은 이탈리아 청년 들에게 큰 영향을 주어, 훗날 이탈리아의 통일에 이바지했단다."

20세기에 튼튼한 산업 기반과 강력한 군대를 소유한 강대국이 된 독일도 이때 국가의 기틀을 마련했다고 콘래드가 알려 주었어

요. 프랑스와 영국은 이렇게 급성장하는 독일을 두려운 마음으로 지켜보았다는 것도 이야기해 주었습니다.

"독일은 1866년에 오스트리아의 세력을 약화시키는 프라하 조약을 체결하고, 1871년에는 프랑스를 상대로 한 전쟁에서 승리하며 승승장구했지. 이렇게 독일이 성장하는 데 중요한 역할을 한 사람은 독일 북부 지역에 자리 잡은 프로이센 왕국의 외교관이었던 비스마르크야. 귀족인 비스마르크는 냉철한 현실주의자로, 자신의 의견을 확실하게 표현한 인물이야. 작은 왕국들을 합쳐 독일이라는 거대한 대국으로 만든 것도 바로 비스마르크란다. 그러니 독일이 강대국이 된 것은 비스마르크 덕분이라고 할 수 있지. 1862년 프로이센 의회에서 비스마르크가 한 연설에 그의

의지가 확고하게 드러났단다.”

콘래드는 눈을 감고 비스마르크의 연설을 떠올렸어요.

“비스마르크는 ‘이 시대의 중요한 결정은 언론이나 다수결에 의해서가 아니라 오직 철과 피로 이루어져야 합니다.’라고 말했어. 독일 통일은 무기와 군대의 힘으로 이룰 수 있다는 뜻이야. 왠지 무시무시하지? 하지만 역사는 그의 편을 들어 주었지. 불행한 일이지만 역사는 철과 피에 의해 결정되는 경우가 아주 많았단다.”

제국주의

"비스마르크가 예견했던 것이 맞아떨어졌어. 그 시대는 강한 국가가 약한 국가를 지배하기 위해 사용한 철과 피가 넘쳐 났어."

콘래드는 표정이 어두운 세르지오를 보며, 조금 새로운 이야기를 해 주어야겠다고 생각했어요.

"세르지오, 19세기에 철도와 증기선이 만들어졌다는 거 기억하니? 두 개의 발명품과 함께 기억해야 할 것이 있단다. 이 발명품들 덕분에 세상이 더 좁아졌다는 사실이야. 새로운 바닷길과 육지의 길이 생겨서 더 빠르고 안전하게 대륙과 대륙이 연결됐어. 쥘 베른의 작품 〈80일간의 세계 일주〉처럼, 드디어 80일 만에 세계를 일주할 수 있게 되었단다. 과거에는 상상도 할 수 없는 일이었지."

콘래드는 잠시 먼 하늘을 바라보고는 말을 이었어요.

"세상의 거리는 확실히 줄어들었어. 그렇지만 세상은 여전히 나누어져 있었단다. 이미 많은 영토를 가진 유럽의 강한 나라들은 더 많은 영토를 차지하려고 했어. 삶을 편리하게 만들어 주는 많은 발명품들이 출현한 진보의 세기가 끝날 무렵, 유럽의 제국들이 지구를 서로서로 나누어 가졌지. 그 당시 세상의 많은 일이 유럽의 결정에 따라 이루어졌어."

"그랬군요."

세르지오가 작게 중얼거렸어요. 콘래드는 그 당시 유럽 인이 스스로를 최고라고 여기며 세상을 만만하게 보았다고 했어요.

"유럽 인은 19세기에 새로운 제국을 건설하면서 오직 한 가지 목표만 생각했어. 공장에서 만든 제품을 팔 수 있는 시장, 자기 나라에 없는 물건을 싼값에 사 올 수 있는 새로운 시장을 찾는 것

말이다."

"무슨 물건을 싼값에 사오려고 했나요?"

"면화, 고무, 상아 등 무수히 많지. 담배, 커피, 쌀도 원했어."

"그런 것들이 왜 필요했는데요?"

"옷감, 자전거 바퀴, 피아노 건반 같은 것들을 만들기 위해서였지. 더 큰 부자가 되려고 말이야."

"그래서 유럽 인들이 많은 땅을 차지한 건가요? 더 부자가 되고 싶어서 제국을 세운 거예요?"

세르지오가 큰 소리로 물었습니다.

"재물에 대한 욕심은 끝이 없단다. 하지만 유럽 국가들은 돈을 모으기 위해 제국을 세운다는 것을 절대 인정하지 않았지."

"인정 안 했다고요?"

"제국을 세운다는 것은 다른 나라 땅을 정복한다는 거야. 땅을 정복한다는 것, 그것은 그 땅에 살고 있던 사람들을 몰아내는 거고. 결코 옳은 일이 아니지. 그렇지만 그 당시 유럽 인들이 그들만의 맹목적인 믿음을 가지고 그런 일을 저질렀어. 적어도 당시의 유럽 인들은 그렇게 생각했어."

"어떤 생각이었는데요?"

"유럽 인들은 자신들을 신의 도구라고 여겼어. 열등한 민족들

을 돕는 것이 자신들의 임무라고 생각했지. 유럽의 통치자들은 자신들이 차지한 곳의 문명을 발달시킨다고 주장했어. 영국인은 19세기에 빼앗은 국가에 다리, 도로, 철도, 항구, 도시, 학교, 병원을 건설했어. 이런 구실로 1947년까지 인도를 다스렸지.”

창밖으로 강이 보였습니다. 그 강에선 수백 명의 노동자가 3킬로미터에 달하는 거대한 다리를 만들고 있었어요. 흙주머니를 등에 진 노새들이 힘겹게 강둑을 올라가고, 화물차들이 오갔습니다. 다리를 바라보며 콘래드가 말했어요.

“영국은 전 세계를 정복하려는 꿈을 꾸었어. 영국은 그 꿈이 곧 이루어질 거라고 생각했어. 빅토리아 여왕은 고대 로마 제국보다 넓은 영토를 통치했어. 영국은 인도 말고 북아메리카에 있는 캐나다, 유럽의 오스트리아, 유럽의 가장 서쪽에 있는 지브롤터, 아시아에 있는 중국 일부, 심지어 아프리카 일부까지 지배했단다. 특히 아프리카 대륙에 있는 이집트에서는 영향력이 엄청났어. 이렇게 광활한 제국을 지배한 덕분에 영국의 런던은 세계에서 가장 중요하고 막강한 금융과 무역 도시가 되었지.”

창문 너머로 영국의 도시 런던이 나타났습니다. 런던 시내를 에워쌌던 안개가 템스 강 가로 밀려가더니 천천히 사라졌어요.

“영국은 가장 강한 제국이긴 했지만, 유럽의 유일한 제국은 아

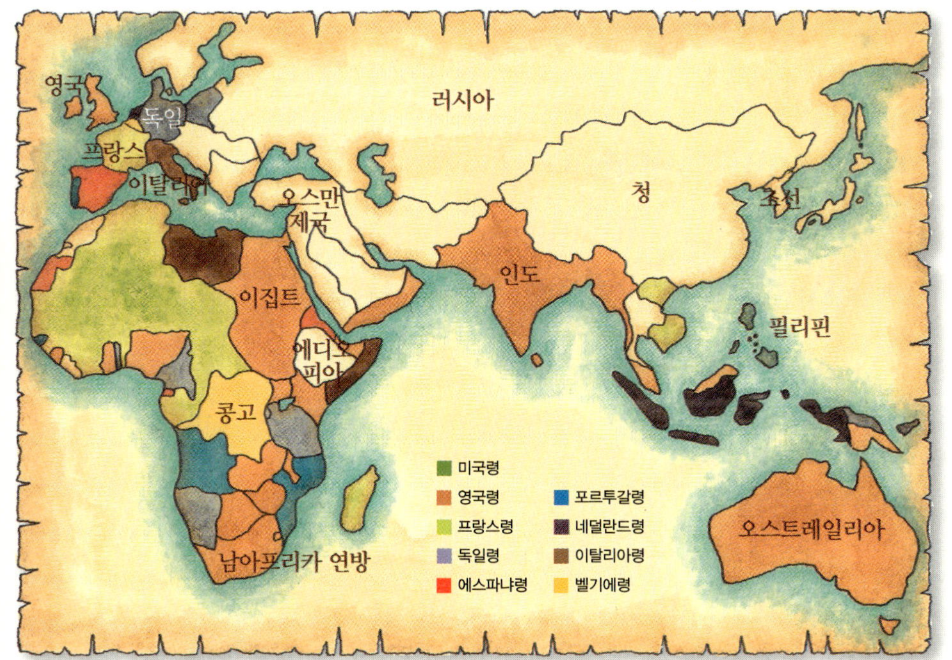

〈제국주의 열강의 세계〉

니었어. 유럽의 많은 국가가 제국을 건설하고 싶어 했지. 프랑스
는 인도차이나 반도와 아프리카의 여러 지역을 차지했고, 벨기에
는 아프리카 콩고 강 근처에 있는 거대한 영토의 주인이 되었어.
포르투갈은 세력이 약해졌지만, 아프리카 해안에 있는 앙골라와
모잠비크를 식민지로 삼았지. 네덜란드는 인도 동부의 영토를 차
지했어. 러시아는 외국에 식민지를 두지는 않았지만, 중앙아시아

의 광활한 영토를 차지했단다."

콘래드는 슬픈 표정을 지으며 말했습니다.

"이탈리아와 독일도 세계를 정복하는 일에 끼어들었어. 이탈리아는 끈질긴 노력 끝에 북아프리카의 리비아를 손에 넣었지. 통일한 독일은 산업과 군사력에서 영국을 앞서는 강대국이 되었고, 비스마르크는 많은 영토를 차지하고 싶어 했지만, 너무 늦게 세계 진출을 시작한 탓에 태평양에 있는 몇몇 섬과 아프리카 일부만을 차지했지."

콘래드는 숨을 돌리고 다시 이야기를 시작했어요.

"독일과 프랑스, 러시아는 넓은 영토를 갖고 부유한 나라가 되기 위해 치열하게 경쟁했어. 하나같이 자신의 제국을 가장 크고 강하게 만들려고 했단다. 1889년부터 1914년까지의 이런 노력은 아프리카와 아시아의 여러 지역에서 전쟁으로 이어졌지. 당시 정치인의 유행어는 '잡아먹지 않으면 잡아먹힌다.'였어."

"정글의 동물 같아요!"

"다른 국가들도 서로 앞다투어 제국을 건설하려고 했단다. 미국도 빠지지 않았지. 이 기분 나쁘고 잔인한 일에 참가한 미국은 러시아로부터 알래스카를 사들이고, 쿠바와 필리핀에서 에스파냐를 몰아냈어."

콘래드는 아시아에도 제국주의를 꿈꾸었던 나라가 있었다는 것을 알려 주었어요.

"아시아에서는 일본이 제국을 건설하려는 검은 야욕을 드러냈어. 1853년에서 1890년, 매우 짧은 기간에 근대화를 이룬 일본은 19세기 말에 이미 기차와 전신, 증기선과 공장을 가지고 있었어. 그들은 아시아에서 유럽의 강대국처럼 행동을 시작했지."

아프리카 모험

콘래드는 두 눈을 반짝이며 이야기를 듣는 세르지오가 대견했어요.

"19세기가 끝나 갈 무렵에는 세상의 모든 곳을 탐험할 수 있었어. 지도에 미지의 땅이라고 표기된 곳은 거의 지워졌지."

콘래드는 아직까지 자세하게 이야기하지 않았던 대륙인 아프리카에 대해 이야기했습니다.

"내가 너처럼 어렸을 때, 한 번도 가 보지 못한 곳이 많았단다. 거대한 대륙 아프리카는 19세기 중엽의 유럽 인들에게는 신비 그 자체였지. 물론 유럽 인들은 북아프리카에 대해서는 잘 알고 있었어. 하지만 사하라 사막의 남쪽 지역에 대해서는 거의 몰랐단다. 사막의 열기와 밀림의 열병이 마지막 비밀 장소로 유럽 인이

들어오는 것을 막았지."

콘래드와 세르지오의 눈앞에 사하라 사막이 나타났어요. 용감한 사람 몇몇이 광활한 모래사막으로 들어갔지만, 그만 길을 잃고 오아시스를 찾아 헤매다, 결국 목숨을 잃었습니다.

"저 사람들의 용기가 무모해 보이지? 그런데 저들은 두려움보다는 호기심과 모험 정신이 더 강했어. 그들은 아프리카에 신비의 땅이 수천 킬로미터나 펼쳐져 있다는 것을 기억했어. 아프리카 탐험은 그렇게 시작된 거야. 사나운 동물, 무시무시한 부족들, 모래 폭풍이 휘몰아치는 사막과 끝없는 원시 밀림을 상상해 보렴. 사막 한복판에 만년설과 폭포가 있다는 것이 믿어지니?"

세르지오는 그 모든 것을 상상할 수 있다는 의미로 고개를 끄덕였어요.

"아프리카의 대모험이 시작된 것은 19세기 중엽이야. 이때 유럽의 탐험가들이 아프리카 대륙에 들어가서 지도를 만들었지."

"모험을 하면서 지도도 만들었군요."

"탐험가들 중 데이비드 리빙스턴이란 사람이 있었어. 스코틀랜드의 의사이자 선교사였던 그는 30년이란 긴 세월 동안 아프리카에 예수의 말씀을 전하며 병도 고쳐 주었어. 또 무역도 하고 호수와 강을 지도에 그려 넣기도 했지. 아프리카에 관해 많은 책을 쓸 정도로 아프리카를 사랑한 리빙스턴은 영국으로 돌아가고 싶어 하지 않았단다. 결국, 그는 1873년 뱅웰루 호숫가 옆에있는 허름한 집에서 숨을 거두었지.”

콘래드는 잠시 침묵했다가 말을 이었어요.

“아프리카에는 훈장을 타고 싶었던 장군, 제국을 꿈꾸는 정치가를 비롯해 모험가, 선교사, 상인이 원하는 모든 것이 있었어. 리빙스턴 박사가 사망한 1873년, 아프리카에서 유럽의 야망이 펼쳐졌지. 그리고 20년도 지나지 않아 영국, 프랑스, 벨기에, 에스파냐, 포르투갈, 이탈리아, 독일이 아프리카를 서로 나누어 가졌어.”

세르지오는 이미 콘래드에게서 강한 나라가 약한 나라를 식민지로 삼았던 제국의 역사를 들었기에 별로 놀라지 않았습니다.

콘래드는 화제를 바꾸었습니다.

"솔직히 말해서, 나도 리빙스턴처럼 아프리카에 홀딱 반했단다."

"정말이에요?"

"1890년이었지. 6년 정도 남쪽 바다를 여행하고 런던으로 돌아왔어. 거기서 빈둥거리며 하루하루를 보냈어. 하지만 어느 정도 시간이 지나니까 노는 것도 지겹더라고. 다시 바다에 나가기 위해 배를 찾기 시작했지. 그때 아프리카 콩고 강으로 가서 무역을 하는 회사가 생겼다는 소식을 들었어. 그 거대한 강까지 가서 무역하려면 물건을 나를 무언가가 필요하지 않겠니?"

"증기선요!"

세르지오가 신 나 외쳤어요.

"그래. 바로 증기선이야. 내가 증기선의 선장이 되지 말란 법은 없잖아?"

"물론이죠!"

세르지오가 맞장구쳤어요.

“나는 콩고 강을 개발하는 회사에 선장으로 취직했지. 나는 배를 타고 그곳으로 가서 병에 걸린 회사 사람들을 본국으로 데려왔어.”

콘래드는 먼저 그 회사가 어떻게 세워졌는지 알아야 한다고 했어요.

“1881년 벨기에의 레오폴 2세는 탐험가 헨리 스탠리를 후원했지. 스탠리는 거대한 콩고 강의 분지 유역을 돌아다니면서 부족의 족장들에게 벨기에의 왕에게 복종해야 한다고 전했어. 3년 뒤, 베를린 회의가 열렸는데, 이 회의에서 유럽 국가들이 아프리

카를 나누어 가졌단다. 레오폴 2세는 스탠리가 탐험했던 아프리카 지역을 차지했는데, 그곳은 벨기에보다 8배나 큰 땅이었어! 레오폴 2세는 이 거대한 영토를 개인 농장으로 만들었지. 그는 그곳에 관리인을 두고 고무와 카카오, 나무와 상아를 생산하는 회사를 세웠단다."

강이 보였습니다. 죽음이 도사리고 있는 드넓고 광대한 강, 대서양을 향해 머리를 둔 거대한 뱀과도 같은 강이었어요. 콘래드는 세르지오에게 그 강을 거슬러 올라가는 것은 세상의 처음으로 가는 것과도 같다고 했지요. 지구에 처음으로 초목이 자랐던 태

초로 말이에요. 강의 양쪽에는 끝없는 밀림이 적막에 휩싸여 있었어요.

"레오폴 2세와 그의 무역 대리인들은 콩고를 행복한 곳으로 만들겠다고 주장했어. 사업하는 것 외에 콩고의 원주민에게 문명을 전파하는 것이 자신들의 목표라고 했지."

"영국인이 인도에서 했던 것과 똑같네요."

"그래. 하지만 훨씬 더 잔인했어."

콘래드는 침묵에 잠겼어요. 잠시 후, 힘겹게 입을 열었습니다.

"그때 나는 말라리아와 이질에 걸려서 정신이 없었지만, 그곳에서 일어난 모든 일을 기억해. 정말 끔찍했지. 레오폴 2세가 보낸 감시관들은 상상할 수 없는 잔인한 짓을 저질렀단다. 콩고의 원주민은 쇠사슬에 묶여 일해야 했고, 감시관은 말을 듣지 않는 원주민의 손을 잘랐어. 심지어 죽이기도 했지."

"정말 너무해요!"

원주민의 잘린 머리가 기둥에 박혀 있었습니다. 감시관들은 머리를 가리키며 원주민을 겁주고 더 많은 일을 시켰어요.

"나는 여행을 마치자마자 곧장 런던으로 돌아왔어. 겁이 났지. 몇 년 뒤인 1908년, 레오폴 2세가 콩고에서 저지른 만행이 신문에 실리게 되어 세상에 알려졌단다. 사람들은 분노했지. 레오폴

2세는 어쩔 수 없이 콩고의 영토에 대한 개인 소유권을 포기하고 벨기에 국가에게 넘겨주었어. 레오폴 2세로부터 벗어난 콩고가 자유를 얻을 수 있었던 것은 아니야. 콩고는 레오폴 2세 개인 식민지에서 벨기에 국가 식민지로 바뀐 것뿐이니까. 그때는 그렇게 잔인한 시기였어.”

두 사람 앞에 콩고 강이 나타났습니다. 강은 끝없는 어둠을 향해 곧장 흘러갔습니다.

노예 제도를 타도하자!

다음 날 콘래드는 노예 제도 금지를 위해 헌신했던 인물들에 관해 이야기해 주었어요. 19세기의 자랑스러운 일이었죠.

"세르지오, 인권 선언을 기억하니? 프랑스 혁명의 선언문 말이야. 미국에서도 그와 같은 내용을 발표했단다."

프랑스 혁명 선언문이 잘 기억이 나지 않아 세르지오는 자신 없는 표정으로 입을 열었습니다.

"모든 사람이 평등하다고 한 거요?"

"그래. 사람은 누구나 자유롭고 평등하며 똑같은 권리를 가지고 있다고 주장한 거 말이다."

"아! 이제 기억나요."

"그래. 하지만 처음 인권 선언이 발표되었을 때, 모두라는 의미에 여자와 노예가 포함되지는 않았어. 여자는 남자와 같은 권

리를 얻기 위해 힘겹게 저항을 해야만 했지. 오히려 노예가 여자
보다 조금 더 일찍 자유를 얻었어."

세르지오는 새로운 이야기에 관심을 생겼어요.

"노예 제도는 우리 인류가 경험한 가장 슬픈 일들 중의 하나란
다. 노예는 파라오의 이집트, 시저의 로마, 아리스토텔레스의 그
리스 시대에는 당연하게 여겼던 존재였어. 중세 아랍 상인은 아
프리카 대륙의 전사에게서 노예를 사곤 했지. 이렇게 사들인 노
예를 지중해 근처로 데려와서 팔았어. 16세기에 노예 무역을 시
작한 포르투갈 사람들은 아프리카에서 원주민을 잡아다가 아메
리카에 팔았단다. 영국, 에스파냐, 프랑스, 네덜란드도 이 잔인한
일에 뛰어들었어."

"왜 그랬죠?"

"노예 무역을 하면 돈을 많이 벌 수 있었기 때문이야. 아메리카, 브라질, 쿠바에 있는 목화, 설탕, 담배 농장 주인들은 일손이 필요했어. 그들은 넓은 집에서 귀족처럼 살고 싶어서 노예를 사 들였어."

세르지오는 고개를 끄덕였습니다.

"18세기 노예 무역은 아프리카에서 시작되었어. 노예 상인은 대서양을 통해 1년에 10만 명이나 되는 노예를 운반했지. 노예는 대부분 유럽의 상인과 배의 선장에게 팔렸단다."

"10만 명이나요?"

세르지오가 외쳤어요. 세르지오는 아프리카 원주민이 어떻게 아메리카까지 끌려갔는지 상상조차 할 수 없었어요. 콘래드의 이야기를 듣고서야 그 끔찍함에 소름이 돋았습니다. 잡아 온 아프리카의 원주민을 배의 창고에 짐짝처럼 구겨 넣었습니다. 고통과 절망에 싸인 원주민들은 고통을 견디지 못하고 죽기도 했습니다. 노예 상인들은 그 시체를 바다에 던졌습니다. 바다가 그들의 무덤이 되었습니다.

"원주민의 삶을 송두리째 빼앗는 노예 제도에 대해 여기저기서 반대의 목소리가 높아졌지. 최초로 노예 제도를 없애기 위해 나선 사람들은 영국인들이었어. 영국의 보수주의 정치가였던 윌리엄 윌버포스가 이끄는 사람들이었지."

세르지오는 노예 제도를 반대하는 정치가들의 움직임이 생겼다는 것에 안도의 한숨을 쉬었습니다.

"그게 언제였어요?"

"1788년에서 1807년까지 윌버포스는 노예 제도 폐지를 위해

모든 시간과 노력을 들여 싸웠어. 결국, 영국의 의회는 노예 무역을 금지하는 법안을 통과시켰어.”

“20년이나 걸렸네요! 그래서 노예 제도가 완전히 없어졌나요?”

세르지오의 눈빛이 희망으로 가득 찼어요.

“그건 아니란다. 노예 제도가 법으로 금지되기까지는 다시 26년이라는 시간이 더 필요했단다. 이렇게 윌버포스가 영국에서 이룬 결과는 다른 나라로 이어졌지. 바로 미국이야. 미국은 산업이 발달해 노예가 필요 없는 북부와 농장에서 일을 시키기 위해 노예가 필요한 남부 사이의 전쟁이 끝난 1865년에 노예 제도가 폐지되었어. 1886년에는 에스파냐의 식민지였던 쿠바 차례였지. 그리고 2년 뒤에는 브라질에서도 노예 제도를 금지했단다. 결국, 윌버포스를 시작으로 전 세계에서 노예 제도가 사라졌어.”

콘래드는 깊게 숨을 내쉬며 마지막 이야기를 끝냈어요.

이제 아쉬운 작별을 해야 합니다. 세르지오는 더 많은 이야기가 듣고 싶었지만 콘래드는 마지막으로 찾아올 안내자가 한 명 더 있다는 얘기를 남기고 떠났어요.

양에게 사람이 잡아먹힌다니 무슨 말인가? 

16세기 영국에서는 모직물을 원하는 사람이 늘어났어. 모직물을 만들려면 당연히 양털이 필요하지. 양털을 많이 얻으려면 양을 많이 키워야 하고, 양을 많이 키우려면 초원이 필요하지. 양을 키울 장소가 모자라자, 사람들은 별로 생산성이 없는 농사짓는 땅에서 양 키우는 땅으로 바꾸기 시작했어. 농사짓던 사람들을 땅에서 쫓아내고 그 자리에 울타리를 쳤는데, 이것이 바로 인클로저 운동이야.

농토에서 쫓겨난 농민들은 도시로 가서 먹고살기 위해 공장에 취직해야 했어. 그들이 바로 공장에 노동력을 제공하는 노동자가 된 것이야.

도시의 두 얼굴 

산업 혁명 이후 많은 사람이 시골을 떠나 도시에 와서 살면서 노동자로 일하게 되었어. 그렇다면 갑자기 많은 인구를 받아들이게 된 도시는 그 많은 사람을 어떻게 수용했을까?

도시에는 그들을 수용할 만한 공간이 많지 않았다고 해. 그러니 가난한 노동자들은 아주 열악한 환경에서 살아야 했지. 사람이 많아지면 일자리를 찾는 사람들에 비해 일자리가 터무니없이 모자라게 되니 당장 끼니가 어려운 사람들은 낮은 임금이라도 받으면서 일하려고했어.

자본가로서는 노동자가 임금을 조금 받고도 일을 하면 이익이 많이 남아서 좋겠지만 그런 상황에서 일하고 가족을 먹여 살려야 하는 노동자의 처지는 참으로 난감하지 않았을까? 그러다 보니 높이 올라가는 고층 건물들이 생기는 도시 뒷면에 아주 초라하게 사는 사람들이 함께 존재했어. 그래서 산업 혁명기의 도시는 빛과 그림자 두 얼굴을 하고 있었단다.

미국의 남북 전쟁, 노예 문제가 원인이 아니었다고?

영국 식민지였던 아메리카 13주가 영국에서 독립한 뒤 아메리카는 서부로 계속 영토를 넓혀 나갔단다. 서부 개척사에는 아메리카 원주민들의 피눈물 나는 이주가 포함되어 있기 때문에 그저 웃으면서 역시 미국이야, 이렇게 이야기할 수는 없을 거야.

영토가 넓어지면서 미국의 남부에는 목화를 비롯한 대농장 형태의 농업이, 북부에는 공장을 위주로 한 산업이 발달하게 되었어. 그러다 보니 북부가 원하는 것과 남부가 원하는 것이 충돌할 수밖에 없었다는 것을 눈치챌 수 있겠지?

북부 입장에서는 이제 막 시작된 산업을 보호하기 위해서 보호 무역이 절실히 필요할 것이고, 남부에는 농산물을 다른 나라에 팔아야 하니까 자유 무역이 더 중요할 테고 말이야. 그러니 남과 북이 싸운 남북 전쟁은 노예 해방을 위한 전쟁이 아니었단다.

마침 이 시기에 북부를 대변하는 공화당의 링컨이 대통령에 당선되자 남부 연합은 연방을 탈퇴해 버렸어. 연방을 유지하는 것이 무엇보다도 우선

이었던 링컨은 노예 문제보다 더 중요한 것이 연방 유지라고 생각했단다.

남북 전쟁 초기에는 남부가 오히려 우세했지. 그러자 노예 해방을 선언하면 북부에 유리하다고 판단한 링컨은 노예 해방령을 발표했어. 남부에서 해방된 노예들이 북부에 가담해서 싸우는 효과도 있었지만 실제로 남북 전쟁에서 북부가 이길 수 있었던 가장 중요한 요인은 공업화로 이룬 북부의 부가 더 컸기 때문이라고 해. 전쟁에서 진 남부는 같은 나라라고 해도 한 나라 안에서 북부의 식민지 신세로 전락하게 되었지.

이런 상황을 다룬 '바람과 함께 사라지다'라는 아주 유명한 영화가 있어. 제목을 이야기하면 너희의 부모님 세대는 누구라도 '아, 그 영화 나도 보았다.'라거나 '보지는 못했어도 이름은 들어 보았다.'라고 하실거야. 이 기회에 역사가 영화에서 어떻게 그려지는지 조금은 날카로운 눈으로 가족과 함께 영화를 보는 재미를 누려 보는 것은 어떨까?

아프리카 국경선은 왜 반듯하게 그어졌을까?

세계 지도를 가끔 들여다보니?

지도를 들여다보고 있자면 다른 지역에 비해서 아프리카의 국경선이 거의 자로 잰 듯이 반듯하게 그어졌다는 것을 알 수 있단다. 아프리카 대륙에 그렇게 국경이 생겨난 이유를 한번 들어 볼래?

유럽 인들은 처음에는 아프리카 해안에 관심이 많았어. 그곳의 이름조차 자신들 마음대로 상아 해안, 황금 해안, 노예 해안, 이런 식으로 붙였어. 그

이름은 자신들이 무역을 통해서 무엇을 주로 가져가는가에 따라 붙였지.

유럽 인이 드디어 미지의 세계라고 할 수 있는 아프리카 내륙으로 눈을 돌리게 되었단다. 그런데 이런 길을 열어 놓은 사람들은 유럽의 선교사와 탐험가였어. 탐험가는 그렇다고 해도 선교사가 그런 역할을 했다니, 이런 것도 역사의 아이러니라고 할 수 있겠지?

선교가 목적이었든 탐험이 목적이었든, 어쨌든 그들이 열어 놓은 길을 따라 유럽 인은 군대를 동원해서 아프리카 내륙으로 들어갔어. 아프리카에 살고 있던 사람들은 당연히 저항했지. 유럽 인 역시 물러서지 않았어. 아프리카 인이 저항한다고 물러갈 유럽 인이었다면 처음부터 오지도 않았을 거야. 유럽 인은 군대의 무력을 사용했어. 당시 아프리카에는 유럽 인의 무력 때문에 피 흘리고 죽어 간 사람이 무수히 많았단다. 1914년 제1차 세계 대전이 일어나기 전까지 아프리카는 단 두 나라(에티오피아, 라이베리아)를 제외하고는 모두 유럽 인에게 점령당했어.

이때 유럽 인은 자신들에게 편리한 대로 금을 그어서 국경을 정했다고 해. 이 와중에 서로 다른 부족이 한 나라로 엮이거나 같은 부족이 갈라지는 사태가 생겼지. 이는 일부러 통치를 쉽게 하려는 유럽 인들의 고도의 정치술이었단다. 나중에 아프리카가 독립하고 나서도 계속 분쟁이 이어지는 데에는 이런 식의 유럽 인에게 편리한 국경선 긋기가 원인으로 작용했으니 역사에서 아무런 인과 관계 없이 일어나는 사건이란 별로 없다는 것도 기억해 두렴.

공포의 세기

슈테판 츠바이크 Stefan Zweig, 1881~1942

마지막 여행을 인도하는 안내자는 슈테판 츠바이크야. 그가 왜 이 시대의 안내자로 나왔을까?

그는 오스트리아 출신의 유대 인이야. 1881년생인 그가 죽은 해는 1942년이지. 아직 제2차 세계 대전이 한창일 때 그는 세상의 미래를 비관해서 부인과 함께 목숨을 끊었다고 해. 당시 오스트리아에서는 유대 인으로 사는 일이 어려워서 슈테판 츠바이크는 영국, 미국을 거쳐 마지막에는 브라질로 이주해서 살았다고 해. 이처럼 한 개인의 인생이 시대의 흐름과 무관하지 않다는 것을 자신의 삶으로 증명한 인물이 바로 슈테판 츠바이크야.

〈안네의 일기〉나 영화 '인생은 아름다워', '제이콥의 거짓말' 등을 통해서 제2차 세계 대전 당시 유대인의 삶에 대해 알고 있는 사람이 많을 거야. 그런데 우리가 이야기를 통해서 느끼는 것과 실제로 제2차 세계 대전 그 한가운데에서 살아가야 했던 사람들의 고통에는 상당한 차이가 있지 않을까?

슈테판 츠바이크는 20세기를 대표하는 전기 작가라서 실제로 그의 저서는 한국어로도 번역되어 있단다. 나중에 이 이름을 서점이나 도서관에서 만나면 이 책의 역사 안내자로 기억할 수 있을 거야. 책을 읽는 동안 슈테판 츠바이크가 살았던 시대, 슈테판 츠바이크라는 인물과 만나는 귀한 시간이 되길 바라.

슈테판 츠바이크 Stefan Zweig, 1881~1942

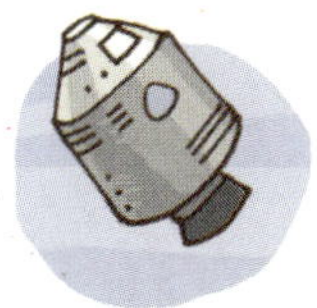

콘래드가 떠난 지 며칠이 지나고, 세르지오는 그가 들려준 역사 이야기들을 떠올리며 침대에 누워 있었어요. 자정이 되자 세르지오의 방문이 열렸어요. 세르지오는 깜짝 놀라 문 쪽을 바라보았어요. 검은색 양복을 입은 키 큰 남자가 나타났습니다. 짧은 머리에 콧수염을 기른 남자는 쉰 살 정도 되어 보였어요. 그가 조용히 입을 열었습니다.

"반갑다."

마지막 역사 안내자가 세르지오를 찾아왔습니다. 세르지오는 침대에서 얼른 일어나 마지막으로 찾아온 여섯 번째 안내자를 요리조리 살펴보며 인사했어요.

"안녕하세요? 저에게 20세기에 관해 이야기해 주러 오신 분이

세요?"

"그래. 난 슈테판 츠바이크란다."

츠바이크가 미소 지으며 대답했어요.

"어느 나라 분이세요?"

세르지오는 이름을 얘기하는 그의 낯선 발음에 호기심이 생겼습니다.

"글쎄, 어느 나라 사람이라고 해야 할까? 나는 1881년 오스트리아 -헝가리 제국에서 태어났단다. 하지만 내가 태어난 제국은 지금은 지도에 없지. 1918년까지만 존재했던 나라였어. 오스트리아-헝가리 제국은 빈과 부다페스트를 중심으로 오스트리아, 헝가리, 체코, 폴란드, 모라비아 사람들이 모여 산 나라거든. 그 때 내 조국은 빈이었다고 할 수 있지. 유럽이 역사상 가장 끔찍한 전쟁을 치를 때 내 조국은 유럽이었고 말이다. 그런데 그 모든 것이 내 눈앞에서 산산조각이 났지. 결국, 나는 조국이 없는 사람이 되어 버렸어."

슈테판 츠바이크의 이야기에 세르지오는 귀를 기울였어요. 그의 목소리는 슬펐습니다. 마치 아이가 잃어버린 부모님에 대해서 얘기할 때처럼 말이에요.

"나의 부모님, 조부모님은 같은 집에서 한평생 사셨지. 제1차 세계 대전이 일어났던 1914년 이전까지는 그렇게 할 수 있었어. 그분들은 세상의 빠른 변화가 더 나은 세상을 만들기 위해 필요한 것이라고 생각하셨어. 하지만 나는 너무 많은 변화와 그 때문에 일어난 비극을 겪어야 했지. 혁명과 전쟁, 전염병과 굶주림, 포로와 이민자, 그리고 도시 이곳저곳에 폭탄이 쏟아지는 것을 보았어. 나는 사람들의 관심을 받다가 소외를 당하기도 했고, 자유의 몸이 되었다가 구속되기도 했지. 부자였다가 가난뱅이가 되기도 했고.”

츠바이크는 창문으로 다가갔습니다. 눈이 내리고 있었어요. 아름다운 거리에는 마차가 달리고, 외투를 껴입은 사람들이 즐겁게 걸어갔어요. 츠바이크는 꼼짝도 하지 않고 그 모습을 보았어요. 그곳은 바로 그가 태어난 도시, 빈이었습니다!

그가 고개를 돌려 세르지오에게 말했어요.

“가끔 나는 여러 번의 삶을 살았다는 기분이 들 때가 있어. 그것은 내가 아주 다른 모양의 삶을 살았기 때문에 드는 생각일 거야. 삶에 관해 이야기할 때마다 나는 ‘언제? 전쟁 전의 삶? 아니면 제1차 세계 대전이나 제2차 세계 대전 때의 삶? 작가로서 엄청난 인기를 누렸을 때? 아니면 모든 것을 잃고 난 뒤의 삶? 어떤 것이 진정한 나의 삶이었지?’라고 자신에게 물어야 했지.”

세르지오는 츠바이크의 이야기를 들으며 창가로 다가갔어요. 세르지오는 츠바이크 옆에서 빈을 바라보았습니다. 카페가 문을 닫고, 눈 덮인 도시가 깊은 잠에 빠져들었어요. 아침을 기다리는 가로등의 불빛이 슬퍼 보였습니다.

"나는 그런 내 삶에 불평하지 않았어. 난 불평하러 온 것이 아니라 삶을 살기 위해 세상에 온 거니까. 이제부터 시작하는 내 이야기를 잘 들어 보렴."

제1차 세계 대전

"만약 1914년 이전의 유럽을 한마디로 표현한다면, 바로 평
온함일 거야. 내가 태어나고 자란 시대에는 유럽의 모든 것이 안
정적이고 안전하게 보였어. 그런데 그런 세상에 종말이 온 거야.
제1차 세계 대전 때문이었지. 그 전쟁이 모든 것을 잿더미로 만
들어 버렸어."

"세계 대전은 왜 일어났죠?"

"지난번 역사 안내자 조지프 콘래드가 19세기에 유럽의 국가
들이 다른 나라보다 더 강해지기 위해 서로 경쟁한 이야기를 해
주지 않았니?"

"네. 해 주셨어요. 그런 경쟁 때문에 엄청나게 잔인한 일도 일
어났잖아요."

"제1차 세계 대전도 바로 그런 경쟁 때문에 일어났어."

츠바이크는 한숨을 쉬고는 덧붙였어요.

"20세기 이전에는 국가 사이의 문제가 협상으로 해결되거나 문제가 생긴 국가끼리 싸우는 것만으로도 해결되었단다. 하지만 국가 사이의 문제를 해결하는 방법이 서서히 달라지기 시작했어. 유럽의 강대국들은 날이 갈수록 더 강력한 군사력을 갖게 되었고, 강력해진 국가들끼리 서로 견제하기 시작했어. 독일은 아시아와 아프리카에 더 많은 식민지를 갖고 싶어 했고, 영국과 프랑스도 마찬가지였지. 오스트리아-헝가리 제국은 러시아와 사이가 좋지 않았고. 1913년이 되자 국가 사이의 충돌을 피할 수 없게 되었단다. 유럽의 힘센 나라들이 더 많은 땅을 얻기 위해 평화 대신 전쟁을 선택했기 때문이야."

츠바이크는 창가에 있는 의자에 앉았어요.

"1914년 6월 28일에 오스트리아-헝가리 제국의 왕위 계승자인 프란츠 페르디난트 대공이 사라예보에서 세르비아의 민족주의자 가브릴로 프린치프에게 암살당하는 사건이 발생했어."

츠바이크는 1914년 6월 28일이란 날짜를 되풀이해 말했습니다. 그런 다음 세르지오를 바라보며 덧붙였어요.

"그 암살 사건은 전쟁을 일으키기 위한 구실이 되었어. 총성이

울리자 안전한 세계를 보호하고 있던 유리창이 산산조각 나 버렸
지. 내가 자라고 교육받았던 그 세계, 안전하다고 믿었던 그 세
계가 위험에 처한 거야. 한 달 뒤, 오스트리아-헝가리 제국은 세
르비아와의 전쟁을 선포했어. 왕위 계승자의 암살에 대한 책임이
세르비아 정부에 있다고 믿었기 때문이야. 이때 독일은 오스트리
아-헝가리 제국과 사이가 좋았기 때문에 전쟁을 돕기 위해 나섰
지. 또한 세르비아와 사이가 좋았던 러시아는 세르비아 편에 섰
단다."

"그렇게 해서 제1차 세계 대전이 일어났나요?"

"그래. 1914년 8월 초에 양쪽의 연합군이 구성되었어. 한 편은
세르비아, 러시아, 프랑스, 영국이었어. 다른 한 편은 오스트리

아-헝가리 제국과 독일이었고 말이야. 이탈리아는 곧바로 러시아, 프랑스, 영국의 연합군에 가담했고, 나중에 미국도 합세했단다. 오스만 튀르크는 독일 편에 섰지. 에스파냐, 네덜란드, 스위스 등을 제외한 거의 모든 유럽 국가가 전쟁에 뛰어들었어. 이 전쟁이 제1차 세계 대전이 되었고, 덕분에 전 세계가 공포에 떨었어.”

“그랬군요.”

“한 가지를 기억해야 해. 1914년에는 전쟁이 6개월 이상 계속

될 거라는 생각은 아무도 하지 못했어. 양쪽 모두 자신들이 단숨에 이길 거라고 생각했지. 반세기 이상 평화의 시대를 보낸 뒤라서 전쟁에 대한 감각이 떨어졌던 거야. 그들은 전쟁을 그저 영웅적이고 낭만적인 것으로만 생각했어. 1914년 8월 군인들은 '크리스마스에는 집으로 돌아올 거예요.'라고 말하고 가족에게 미소 지으며 전쟁터로 떠났지."

한여름, 군대가 빈을 가로질러 행군했어요. 거리에는 노인과 여자, 아이들이 모여 군인들을 환송했습니다. 사람들은 행진하는

군인들을 향해 승리를 기원하며 꽃을 던졌죠.

 "가엾은 사람들! 제1차 세계 대전은 견디기 힘든 악몽, 그 자체였어. 1914년 12월 중순, 지식인들은 전쟁이 쉽게 끝나지 않을 것을 알아차렸어. 최신형 기관총과 대포가 서로를 향해 불을 뿜어 대는 가운데, 양쪽 군대는 과거의 전쟁에서처럼 빠르게 전진하지 못했단다. 피비린내 나는 전투를 치르는 동안, 군인들은 몸을 숨기기 위해 땅을 파서 참호를 만들었지. 장군들은 군인들에게 적군을 향해 신속하게 전진하라는 무리한 명령을 내렸어. 그들은 옛날식 전투 방법밖에 몰랐기 때문에 그런 어리석은 명령을 내린 거야. 이제는 옛날과 달리 몇 킬로미터 밖에서도 공격받아 죽을 수 있었는데 말이야."

 '처참한 전쟁터 모습이 세르지오 눈에 들어왔어요. 전투가 벌어지는 최전방에서는 나무들이 다 뽑혀 산산조각이 나있고 벌판 여기저기에 거대한 구멍이 나 있었어요. 시체들 위에 또 다른 시체들이 쌓여서 썩어 갔어요. 곳곳에 철조망과 울타리가 무성하게 얽혀 있었고, 대포, 기관총 소리와 함께 하얀 연기가 피어올랐습니다.

 "금방 끝날 것 같았던 전쟁이 세계 대전이 되어 버렸어. 1914년

에서 1918년까지 계속된 전쟁은 독일 측의 패배로 끝났지. 유럽
은 그렇게 끔찍한 일을 처음 겪어 보았어. 850만 명이 넘는 군인
이 죽고, 2000만 명 넘게 부상당했단다. 많은 사람이 평생을 장애
를 갖고 살아야 했지. 전쟁이 끝난 다음에는 그 어느 것도 예전과
같지 않았어. 그 어느 것도."

위대한 약속의 땅

츠바이크는 아무 표정 없이 잠시 눈을 감고 있었습니다.

"제1차 세계 대전 이후 오스트리아-헝가리 제국엔 종말이 왔지. 독일의 황제였던 빌헬름 2세도 추방당했어. 막강한 오스만 제국도 몰락하여 유럽의 힘센 나라들이 제국 대부분의 땅을 서로 나누어 가졌단다. 거대했던 오스만 제국은 축소되어 지금의 터키로 바뀌었지."

츠바이크는 세르지오를 바라보았어요.

"갑작스러운 변화였단다. 1913년에 유럽에는 겨우 20개의 국가가 있었어. 그런데 제1차 세계 대전 이후인 1919년 베르사유 조약이 체결된 다음에는 유럽의 국가가 31개로 늘어났어. 그때 오스트리아는 영토가 분할되어 유고슬라비아, 체코슬로바키아 같은 국가의 탄생으로 이어졌고, 폴란드도 독립해서 제법 큰 영토를 가진 나라가 되었지."

세르지오는 독립을 얻기 위해 투쟁하는 사람들이 떠올랐어요.

"러시아에도 변화가 있었어. 제1차 세계 대전이 없었다면, 니콜라이 2세가 계속해서 러시아를 통치했겠지."

"제1차 세계 대전 때문에 니콜라이 2세가 러시아를 통치하지 못하게 되었다고요?"

"그래. 제1차 세계 대전 도중 러시아에서는 혁명이 일어났어. 많은 사람이 죽고, 다치고, 감옥에 갇혔지. 1917년에 일어난 러시아 혁명은 전 세계를 소름 끼치게 만들었단다."

"전쟁 도중에 혁명이 일어나다니!"

세르지오가 외쳤습니다.

"러시아는 커다란 제국이었지만 도시는 낙후되었고 사람들의 삶은 비참했어. 황제는 자기 마음대로 행동했는데, 국민을 위해서는 아무것도 하지 않았지. 혁명가들은 이것을 참지 못하고 나섰어. 그중 한 사람이 바로 블라디미르 레닌이었지."

츠바이크는 그 이름을 강조했어요.

"레닌은 냉정하고 계산적인 혁명가였어. 볼셰비키의 지도자였던 그는 그 당시 스위스에 망명 중이었지. 볼셰비키는 황제를 무너뜨리고 러시아에 공산주의 체제를 세우기 위해 모인 작은 혁명가 조직이었어. 제1차 세계 대전은 레닌과 그의 동지들이 꿈꾸었던 모든 것을 달성할 기회였단다."

"무슨 기회인데요?"

"전쟁은 러시아를 더욱 가난하게 만들었고 급기야 굶주린 국민들은 분노했지. 1917년에 국민들이 황제에게 물러가라고 외치며 시위에 나섰지. 군인들마저 시위에 동참하자, 니콜라이 2세는 왕위에서 내려올 수밖에 없었어."

"그럼 레닌은요?"

"스위스에서 그 소식을 들은 레닌은 자신의 귀를 의심했어. 그렇게 요지부동, 절대 권력을 놓치지 않을 것만 같았던 황제가 물러나다니! 하지만 그 모든 것이 사실이었고, 레닌은 서둘러 러시아에 돌아갈 채비를 했어. 하지만 러시아로 가는 길은 독일과 오스트리아에 의해 끊겨 있었어. 레닌은 기차를 타고 독일을 통과할 수 있게 해 달라고 독일과 협상했지. 드디어 1917년 4월 6일 레닌은 독일 장관으로부터 통과해도 좋다는 허락을 받았어. 독일은 러시아의 적이었기 때문에 레닌의 동료 모두 깜짝 놀랐단다."

"러시아 사람인 레닌에게 독일을 통과할 수 있도록 허락했다고요?"

세르지오가 궁금해서 외쳤어요.

"그래. 레닌이 탄 기차는 독일을 지나 러시아의 상트페테르부르크에 도착했어. 레닌은 당시 국제 질서를 무너뜨리는 위험한 여행을 한 거야."

츠바이크는 레닌의 위험한 여행 이야기를 조마조마한 눈빛으로 듣고 있는 세르지오를 바라보았어요.

"시간이 늦었는데 졸리지 않니?"

세르지오의 눈은 말똥말똥했습니다.

"아뇨. 이야기를 더 해 주세요!"

"레닌과 그의 동료들은 러시아에 도착하자마자 혁명에 착수했지. 볼셰비키의 리더인 레닌은 자신의 계획을 몇 가지로 정리했어. '더 이상의 전쟁은 없다!', '노동자 계급이 모든 권력을 가진다!'였지. 노동자와 군인들은 집회와 시위 때마다 그 말을 외쳤단다. 마침내 1917년 11월 7일, 볼셰비키 당원들이 러시아 정부를 장악했어. 평등한 세상을 만들겠다고 약속한 레닌을 향해 전 세계의 혁명가들이 감탄의 눈길을 보냈지."

레닌의 이야기를 듣던 세르지오는 앞서 더 이상 억울한 노동자들이 존재하지 않는 세상을 만들자고 주장했던 마르크스가 떠올랐습니다. 레닌은 마르크스와 비슷한 생각을 하는 듯 보였습니다.

"러시아 혁명은 레닌이 생각한 대로 진행되었나요?"

"볼셰비키 당원들은 러시아의 황제를 죽이고, 자신들의 주장을 가능한 한 빨리 실현시키기 위해서 그 황제의 제국 위에 얼어붙은 세계를 건설했지. 권력을 쟁취한 레닌은 강력한 공산주의 국가를 만들었어. 공산주의자는 자신과 뜻이 다른 사람은 모두 제거해야 한다고 생각했어. 1924년 레닌이 죽자, 스탈린이 그 뒤를 이었는데, 스탈린은 레닌보다 훨씬 더 강압적인 국가를 만들어 나갔어. 그러다 보니 조금이라도 반대 의견을 말하면 수용소로 끌려가기 일쑤였어."

"수용소가 뭔데요?"

츠바이크는 창밖을 내다보았어요. 넓은 땅 위에 안개가 끼었습니다. 콘크리트 기둥을 감싼 철조망 너머로 감시탑이 보였습니다.

"수용소는 감옥 같은 곳이야. 러시아의 새로운 감옥이었던 수용소는 그 수가 점점 늘어났어. 수용소의 포로들은 잔인한 감시원들에게 짐승보다 못한 대우를 받았지. 스탈린은 1800만 명이나 되는 사람을 수용소에 보냈단다. 그중 300만 명 넘게 사형당하거나 병과 굶주림으로 죽었어. 공산주의에 반대했다는 이유로 죽임을 당한 거야."

"반대했다고 죽임을 당하다니! 너무 불쌍해요."

"공산주의 체제에 반대하는 사람이면 누구나 수용소에 끌려갈 수 있었어. 때로는 오해를 받아 공산주의의 배신자라는 낙인이 찍힐 수도 있었지. 스탈린이 장악한 러시아는 누구나 고소를 당하고 유죄 판결을 받을 수 있는 세상이 되었단다. 스탈린만 빼놓고 말이야."

츠바이크는 이야기를 계속했습니다.

"그런데도 스탈린은 러시아 안팎에서 매우 인기 있는 지도자였단다. 많은 시인과 혁명가가 스탈린을 최고의 사회주의 안내자이며 수호자라고 칭송했지. 그가 부자도 가난한 자도 없는 평등한 세상을 만들 거라고 믿기 때문이야."

츠바이크는 평등한 세상을 바라는 열망이 무척 강렬했던 시대였기 때문에 그런 믿음도 가능했다고 했습니다.

"일찍이 그렇게 어마어마한 권력을 가졌던 독재자는 없었단다."

독재자들의 시대

러시아 혁명의 역사를 들려준 다음 날, 츠바이크가 다시 찾아 왔습니다.

"17세기가 갈릴레오의 시대였다면, 18세기는 〈백과전서〉의 시대였다고 할 수 있단다. 19세기는 세계의 거리를 좁혀준 위대한 발명품의 시대였고 말이다. 하지만 내가 살았던 20세기는 불행히도 공포의 시대였다고 얘기할 수 있지."

세르지오는 츠바이크의 이야기에 귀를 기울였어요.

"제1차 세계 대전 중에 러시아 혁명이 일어났다는 이야기를 했지? 또한 전쟁의 공포와 비참함 속에서 파시즘이라는 것이 나타났단다."

"파시즘이 뭐예요?"

"파시즘은 개인보다 국가를 중요하게 생각하는 것을 말하지. 그것은 이탈리아에서 탄생했어. 이탈리아 정치가 무솔리니는 기존의 이탈리아 정부에 반대하는 국민들을 이용했어. 그는 파시즘이라는 자랑스러운 깃발 아래 완전히 새롭고 영광스러운 이탈리아를 만들기 위해서, 정당을 없애고, 자유를 구속해야 하며, 사회주의자를 몰아내야 한다고 주장했어. 젊은이들과 제1차 세계 대전의 퇴역 군인들 사이에 그의 추종자들이 나타났지. 그들은 모두 똑같은 제복을 입음으로써 같은 생각을 가지고 있다는 것을 알리고 싶어 했어."

"똑같은 제복을요?"

"파시즘을 따르는 사람을 파시스트라고 하는데, 모든 파시스트가 검은색 셔츠에 목이 긴 하얀색 군화를 신었단다. 이들을 검은 셔츠단이라고 불렀어. 1919년에 결성된 이들은 노동자들을 중심으로 결성된 사회주의자들을 공격하고 개인의 자유를 위협했어. 1922년 파시스트는 검은 까마귀 무리처럼 로마로 행진했지. 이탈리아의 왕 에마누엘레 3세는 이들에게 겁을 먹고 무솔리니에게 권력을 넘겼어.”

검은 셔츠를 입은 남자들이 파도처럼 밀려오는 것을 의기양양하게 지켜보는 한 남자가 로마의 광장에 서 있었습니다. 바로 무솔리니였습니다. 파시스트 군대는 이미 수만 명에 달하여 이탈리아의 수도인 로마에서 그 세력을 과시했습니다.

“무솔리니는 독재자가 대중에게 사랑받으려면 공포심을 불어넣어야 한다고 했어. 그는 ‘군중은 강한 사람을 숭배한다.’고 말했지.”

좋지 않은 일이 떠오르는지 츠바이크의 표정이 어두워졌습니다.

“무솔리니의 이런 생각이 히틀러에게 독재의 길을 터 준 거야. 그는 히틀러가 마음속에 품고 있던 모습을 실제로 보여 준 거지. 잔혹함과 과장된 선동이 성공할 수 있다는 것을 말이야.”

"히틀러가 누구예요?"

"히틀러는 역사상 매우 잔인한 사람이었어. 그는 원래 화가가 되려고 했지만, 제1차 세계 대전이 터지자 독일군에 스스로 들어갔지. 독일이 패전국이 된 제1차 세계 대전이 끝나자, 그는 국가 사회주의 독일 노동자당에 가입했어. 이 단체는 반유대주의 성격을 띠었어. 바로 나치라는 이름의 당이란다."

츠바이크는 이탈리아의 파시스트 당원과 마찬가지로 히틀러의 나치 당원도 군대를 자기편으로 끌어들이려고 했다는 것을 알려 주었습니다. 나치 당원들은 무장 조직을 구성하여 지도자를 공격하고 자신들을 반대하는 정치인들을 암살하여 독일에서 자유와 민주주의를 몰아냈다고 합니다.

"히틀러와 그의 당원은 1923년에 무력으로 나라를 손에 넣으려고 했지만, 실패했어. 장군들이 그에게 협력하지 않았기 때문이었지. 히틀러는 재판을 받고 9월형을 받았단다. 그로부터 10년 뒤인 1933년 히틀러는 베를린에서 자신의 추종자들을 모았지. 그리고 선거에서 승리해 독일 총통이 되었단다."

츠바이크는 진정되지 않는 마음을 다시 가라앉히고 세르지오에게 히틀러가 어떻게 독일의 총통이 되었는지 이야기해 주었어요.

"제1차 세계 대전에서 독일이 패배하지 않았거나 1919년부터 1933년까지 독일인이 가난에 시달리지 않았다면 히틀러는 권력을 잡지 못했을 거야. 1929년의 대공황이야말로 나치의 가장 든든한 동맹군이었지. 왜냐하면, 대공황 때문에 독일 전체에 굶주림과 가난, 불만과 분노가 들끓었기 때문이야."

츠바이크는 대공황이란 심각한 경제 위기를 말한다고 했어요. 대공황은 미국에서 시작되어 전 세계로 퍼져 나갔고, 독일도 큰 타격을 입었습니다. 호텔과 상점에는 손님 대신 가난이 찾아왔어요. 노동자들은 일자리와 살 집이 없어졌고, 그들의 아이들은 먹을 것이 없어졌죠. 모두 빈곤함에 시달리며 먹을 것을 찾아 도시를 헤매고 다녔습니다.

"히틀러는 그와 같은 시대 상황을 아주 잘 이용했지! 히틀러와 나치 당원은 사람들의 절망을 이용해서 권력을 잡았어. 독일이 다시 잘살게 될 거라고 과장해서 선전하는 것이 그들의 주된 무기였지. 히틀러는 거짓말이라도 천 번쯤 반복하면 진실이 된다고 믿었기 때문이란다. 히틀러는 여러 곳에서 연설을 하면서 독일인에게 최면을 걸었고, 자신의 믿음을 열병처럼 옮겼어. 독일인은 영광의 날을 꿈꾸게 되었지. 히틀러는 희망을 조작했어. 거기엔 증오와 공포가 뒤따랐지. 권력을 잡은 히틀러는 끔찍한 독재와 인종주의 정책을 펼치며 나치에 복종하지 않는 많은 사람을 죽였어. 독일이 고통받는 것은 유대 인 때문이라고 주장하면서 강제 수용소에서 수백만 명의 유대 인을 학살했지.”

세르지오는 군중의 환호를 받으며 한쪽 팔을 번쩍 들고 있는 히틀러를 보았어요. 그는 두 팔을 흔들고, 때로는 소리 지르며 쉴 새 없이 열정적으로 말했습니다. 확성기와 라디오를 통해 그의 말이 독일인에게 전해졌습니다.

히틀러는 제1차 세계 대전에서 승리한 국가들이 독일에 요구한 배상 조건들이 우월한 독일인에 대한 모독이라고 했어요. 그리고 군사적 패배와 탐욕스러운 자본주의, 가난과 배고픔 같은 모든 불행의 책임이 유대 인에게 있다고 했습니다. 그는 ‘우월한 민족이 열등한 민족을 제거해야 한다!’고 외쳤고, ‘독일인이 다시금 용기를 보여 주어야 하며 새로운 독일 제국을 세워야 한다!’고 고개를 위아래로 흔들면서 격렬하게 연설했습니다. 분노에 가득 찬 히틀러의 얼굴을 본 세르지오는 소름이 끼쳤어요.

“히틀러는 선택받은 민족과 사라져야 할 민족을 나누는 것에서 그치지 않았단다. 자신의 잔인한 꿈이 역사의 일부가 되어야 한다고 믿었지. 그는 장군과 경찰에게 자신의 꿈을 현실로 이루라고 명령했어.”

"뭔가 끔찍한 일이 일어날 거 같아요."

세르지오는 불안한 마음이 들었어요.

"나치 대장이 된 히틀러는 재빨리 움직였어. 그는 제1차 세계 대전 이후 독일 공군을 해산하고 군대 수를 제한하기로 한 베르사유 조약을 어기고 독일 군대를 다시 무장시켰어. 그런 다음 일본, 이탈리아와 조약을 맺었지. 일본의 히로히토 천황과 이탈리아의 무솔리니도 자신들의 나라가 군사적으로 강해지길 바랐거든."

츠바이크는 히틀러가 어떻게 베르사유 조약을 위반했는지 차근차근 이야기했습니다.

"1936년 독일 군대가 평화조약을 깨고 라인란트 지역을 공격했어. 1938년에는 오스트리아와 체코슬로바키아 일부를 침략했지. 1939년 8월에 히틀러는 소련의 스탈린과 서로 침략하지 않는다는 약속을 했어. 그 약속에는 소련과 독일이 폴란드를 나누어 갖는다는 내용도 포함되어 있었지. 독일과 소련의 협력은 프랑스와 영국을 공포에 몰아넣었어."

"폴란드를 마음대로 나누기로 했다고요? 가엾은 폴란드!"

"그 약속을 한 뒤에 바로 제2차 세계 대전이 터졌단다."

세르지오는 실망하여 고개를 떨구었어요. 사람들이 제1차 세계 대전의 끔찍함을 잊어버린 걸까요? 전쟁이 얼마나 무서운지 그새 잊어버린 걸까요?

"제2차 세계 대전은 1939년 9월에 독일이 폴란드를 침공함으로써 시작되었어. 프랑스와 영국이 나설 겨를도 없이 독일의 탱크와 비행기가 폴란드를 공격했어. 여기서 승리한 독일은 노르웨이, 덴마크, 네덜란드, 벨기에, 프랑스를 공격했고 연이어 승리를 거두었지. 1940년 중반에는 영국만 남아 독일에 대항했단다."

다음 순간 창밖으로 영국 의회가 나타났어요. 청중을 휘어잡으며 다부지게 연설하는 한 남자가 있었습니다. 윈스턴 처칠이었어요. 그는 영국인들의 마음을 하나로 모아 히틀러에게 대항하게 한 훌륭한 정치가였습니다. 처칠이 말했습니다.

"무엇이 우리의 정책입니까? 하고 여러분은 묻습니다. 저는 이렇게 대답하겠습니다. 우리의 정책은 극악무도한 자들과 맞서 싸우는 것이라고 말입니다. 이것이 우리의 정책입니다. 또 여러분에게 묻겠습니다. 우리의 목표는 무엇입니까? 이것은 한마디로 대답할 수 있습니다. 승리! 어떤 대가를 치르더라도 승리하는 것입니다. 승리하지 못하면 생존도 없습니다. 우리 모두 힘을 뭉쳐서 함께 나아갑시다!"

그 말에 세르지오는 깊이 감동했습니다.

"영국을 빼앗지 못한 히틀러는 스탈린과의 조약을 깨고 모스크바를 공격하기로 했어. 히틀러는 자신의 군대가 스탈린의 공산주의 제국을 손쉽게 점령할 것으로 기대했어. 하지만 모스크바 점령은 실패하고 말았어."

"나폴레옹이 모스크바에서 실패했던 것처럼 말이죠?"

모스크바까지 갔지만 항복을 받아 내지 못하고 퇴각해야 했던 나폴레옹이 떠올라 세르지오는 저도 모르게 외쳤어요. 츠바이크는 고개를 끄덕였습니다.

"1943년 겨울, 독일군은 스탈린그라드 전투에서 패배하고 후퇴했어. 그때부터 모든 것이 히틀러에게 불리해졌단다. 미국도 독일 반대편으로 제2차 세계 대전에 참가했단다. 결국, 히틀러의 독일과 동맹국이었던 일본, 이탈리아는 패배했고, 맞서 싸웠던 연합국인 영국, 소련, 미국이 승리했지."

세르지오는 결국 히틀러도 잔인한 야망을 포기할 수밖에 없겠다는 생각이 들었습니다.

"전쟁에 진 히틀러가 스스로 목숨을 끊자, 독일은 1945년 5월에 항복했어. 절대 항복하지 않겠다고 했던 일본도 미국이 히로

시마와 나가사키에 비행기로 원자 폭탄을 투하하자 조건 없이 항
복했지."

　창밖으로 바다가 나타났습니다. 멀리 일본의 도시 히로시마가
보였어요. 비행기에서 원자 폭탄을 떨어뜨리자 잠시 뒤 엄청난
폭발이 일어났습니다. 화산이 폭발한 것 같은 거대한 연기가 하
늘로 올라가 버섯 모양을 만들었어요. 주변의 모든 것이 흔적도

　　　　　　　　　　　　시대를 대표하는 길라잡이가 안내하는 세계사

없이 사라졌습니다.

세르지오는 그런 재앙을 본 적이 없었어요. 히로시마가 순식간에 사라졌습니다.

"제2차 세계 대전은 제1차 세계 대전보다 훨씬 더 끔찍했어. 1939년에서 1945년 사이에 5000만 명이 넘는 사람이 죽었단다. 제1차 세계 대전 때 죽은 사람 수가 넘었지. 가장 큰 피해는 폭탄 때문에 일어났어. 런던, 베를린, 히로시마, 나가사키 같은 도시에 폭탄이 떨어졌지. 이때 죽은 수십만의 사람은 여자와 노인, 아이들 같은 민간인이었단다. 폭탄이 떨어진 거리에는 시체가 넘쳐 났어."

"폭탄은 정말 무서운 거로군요!"

츠바이크는 잠시 말을 멈추었어요. 그리고 분노에 찬 눈빛으로 다시 얘기했습니다.

"폭탄보다 더 무서운 것은 제2차 세계 대전이 벌어지는 동안 나치가 유대 인을 죽인 일이란다. 나치는 독일에서뿐만 아니라 점령한 모든 곳에서 유대 인을 학살했어."

그때의 기억을 떠올린 츠바이크의 목소리가 떨렸습니다.

"나치는 제2차 세계 대전이 끝나기 전에 600만 명이나 되는 유

〈제2차 세계 대전 대결 양상〉

대 인을 죽였지. 유대 인들은 대부분 포로 수용소에서 죽었어. 그들은 수용소에서 쓰러질 때까지 일해야만 했고, 굶어 죽거나, 총살당하거나, 가스실에서 독가스에 질식해 죽었단다."

나치 포로 수용소는 스탈린이 만든 수용소와 비슷했어요. 철조망과 감시탑이 있고 온통 눈과 진흙으로 뒤덮여 있었습니다. 세르지오는 수용소에 있는 유대 인들의 모습이 너무 처참해서 차마 볼 수가 없었습니다. 남자와 여자, 어린이와 노인 모두 머리를 빡빡 깎인 채 줄무늬 옷을 입고 있었습니다. 그들은 희망이 모두 사라져 버린 표정으로 멍하게 땅만 보고 있었어요.

평화주의자 간디

"19세기 유럽 인들이 부자가 되기 위해 건설한 제국을 기억하니?"

다음 날 찾아온 츠바이크가 물었어요. 세르지오는 강압적으로 다른 나라를 식민지로 삼은 유럽 국가들을 떠올리며 고개를 끄덕였습니다.

"제1차 세계 대전이 끝난 뒤에도 유럽 인이 자신들이 건설한 제국을 가장 중요하게 여겼다는 사실을 기억하지? 영국과 프랑스는 아시아와 아프리카에 식민지를 두고 있었어. 아랍 땅에서 석유를 뽑는 유전 역시 영국과 프랑스에서 운영했지. 네덜란드, 벨기에, 포르투갈도 예전의 식민지를 그대로 갖고 있었어. 미국은 중앙아메리카와 남아메리카에 관심이 있었고, 스탈린의 소련은 거대한 영토에 제국을 세울 꿈을 꾸고 있었지. 이탈리아, 일본, 독일도 제국주의를 향해 달리는 역사에 합류해야 한다고 생각했어. 그래서 이탈리아의 무솔리니는 1935년 에티오피아를 침략했고, 일본은 1937년 중국에 쳐들어갔어. 히틀러는 군비를 확장하고 강한 공군을 만들었지.”

“히틀러 때문에 제2차 세계 대전이 시작되었잖아요!”

세르지오는 츠바이크가 들려준 제2차 세계 대전 이야기가 떠올랐습니다.

“그래. 맞아. 제2차 세계 대전이 터졌을 때, 전 세계 3분의 1 이상이 제국주의 국가들의 식민지였단다. 하지만 제2차 세계 대전이 끝난 1945년 이후에는 모든 것이 달라졌지.”

“어떻게 되었는데요?”

“가난하고 약한 식민지들이 자신을 지배해 온 국가에 대항했어. 이것이 바로 탈식민지화의 시작이었지.”

“탈식민지화요?”

세르지오는 ‘탈식민지화’라는 말을 처음 들어 보았어요.

“탈식민지화란 아프리카, 중동, 아시아의 식민지들이 자신들을 지배하는 제국주의 국가로부터 독립하는 것을 말해. 한마디로 말하자면, 식민지에서 벗어난다는 뜻이야. 강제로 점령당한 국가들은 투쟁을 통해 자신들의 나라를 되찾았지. 그 투쟁은 식민지의 국민이 어떠한 주인도 섬기지 않겠다고 하면서 시작되었어. 그들은 자신들을 지배하는 국가를 향해 반기를 들고, 자신들의 고유한 역사를 찾겠다고 외쳤지. 그것은 오랜 시간이 걸리는 투쟁이었어. 독립 투쟁은 특히 1945년과 1965년 사이에 가장 극적이고도 격렬하게 타올랐단다.”

츠바이크는 창밖을 내다보았어요.

“운명의 주사위는 던져졌고, 식민지에서 제국이 물러나는 것은 시간문제였어. 하지만 식민지 국민이 나라를 찾기 위해서는 피할 수 없는 희생이 뒤따랐단다.”

“인도는 18세기 후반부터 영국의 식민지였지. 1947년에 인도는 식민지에서 벗어났어. 인도 해방을 이끈 사람 중에 마하트마 간디가 있단다.”

“간디는 어떤 사람이었죠?”

“간디는 폭력을 쓰지 않고 자신의 뜻을 이루려고 노력한 사람이었어. 그때는 전쟁과 대량 학살로 얼룩진 시대였는데 말이야.”

세르지오는 폭력 없이 뜻을 이룬다는 간디의 방식이 무엇인지 몹시 궁금했어요.

"1869년에 인도에서 태어난 간디는 인도를 지배하던 점령 국가인 영국의 런던으로 건너가 공부한 후 1891년에 변호사가 되었지. 그는 남아프리카에서 변호사로 활동했어. 그곳에서 간디는 제국주의가 자행하는 인종 차별의 부당함을 깨닫고, 아프리카에서 살면서 부당한 대접을 받고 있는 인도인들을 지키기 위해 투쟁을 시작했단다. 아프리카에서 자신의 사명을 다했다고 생각한 간디는 1915년에 인도로 돌아왔어."

츠바이크는 간디가 인도의 독립을 위해 새로운 투쟁 방법을 사용했다는 것을 알려 주었습니다. 그것은 바로 '비폭력주의'라는 것이었습니다. 간디는 폭력을 쓰지 않고 무력에 저항했으며 평화 시위와 단식 투쟁을 벌였습니다.

"1919년부터 영국은 시위를 막기 위해 강하게 대응했고 그 결과 유혈 사태가 발생하기도 했어. 하지만 간디는 단호한 의지를 갖고 단식 투쟁과 같은 비폭력적인 방식으로 대응했어. 그의 행동과 말은 인도 사람들에게 큰 영향을 주었어. 군중은 그를 사랑했으며 어디서든 그에게 몰려들었어. 1930년 간디는 수백만 명의 시민과 함께 소금 행진을 하기도 했어. 그것은 영국인들이 소금에 세금을 물리는 것에 반대해서 벌인 행진이야."

츠바이크는 낮은 소리로 간디의 이름을 불렀습니다.

"아, 마하트마 간디여!"

그리고 존경을 담아 말했어요.

"위대한 영혼! 시인 타고르는 간디를 위대한 영혼이라고 불렀어."

창밖에 사람들을 이끄는 간디가 보였습니다. 간디는 정말 평범해 보였습니다. 작은 체구에 구부정한 모습이 평범한 할아버지

시대를 대표하는 길라잡이가 안내하는 세계사

모습 그대로였습니다. 하지만 그는 영국 공장의 횡포에 저항하기 위해 맨발로 땅바닥에 앉아 물레를 돌려 옷을 만들기도 했습니다.

"마침내 영국은 인도에서 물러가기로 했단다. 인도인은 이제 자신들의 역사를 스스로 쓸 수 있게 되었지. 하지만 독립을 눈앞에 둔 인도는 넘어야 할 산이 하나 있었어. 인도에 살고 있는 이

슬람교도들과 힌두교도들이 서로 다른 나라를 세우겠다고 한 거야. 간디는 독립한 인도가 이슬람교 국가와 힌두교 국가로 나뉘는 것을 반대했어. 하지만 간디의 주장이 받아들여지지 않았어."

"아, 저런!"

세르지오가 안타까워했습니다.

"1947년 인도가 영국으로부터 독립했을 때, 간디의 뜻과는 달리 인도는 두 나라로 쪼개졌지. 힌두교도의 국가인 인도와 이슬람교도의 국가인 파키스탄으로 말이야. 1971년에는 파키스탄의 동부에 또 다른 나라가 탄생했어. 바로 방글라데시란다."

츠바이크는 긴 침묵 끝에 덧붙였어요.

"서로의 종교에 대한 증오 때문에 피비린내 나는 싸움 끝에 인도가 갈라진 거지. 평화주의자인 간디도 폭력을 막진 못했어. 1948년 힌두교도인 간디는 힌두교 광신도에게 암살당했어. 간디는 인도의 독립을 원했고, 인도 안에서 이슬람교도와 힌두교도들이 사이좋게 함께 살기를 원했어. 간디가 종교의 벽을 허물기를 바라는 모습이 힌두교 광신도의 눈에는 간디가 힌두교를 배신하는 것처럼 보였나 봐. 정말 슬픈 일이지.”

세르지오는 마음이 아파 고개를 숙였습니다. 잠시 뒤 츠바이크가 말했어요.

“세르지오, 너무 슬퍼하지 마라. 암살범은 간디의 생명은 앗아갔지만, 그의 정신은 지울 수 없었어.”

세르지오는 여전히 슬펐지만 옅은 미소를 지으며 츠바이크를 바라보았습니다. 츠바이크가 이야기를 계속했어요.

“간디의 비폭력 정신은 많은 사람들에게 오아시스처럼 생기를 불어넣어 주고 별처럼 빛나고 있단다.”

냉전

츠바이크는 세르지오의 기분을 북돋워 주려고 했어요.

"피곤하면 오늘은 그만할까? 아니면 다른 이야기를 좀 더 할까?"

세르지오는 이야기를 더 해 달라고 했어요. 다른 이야기도 궁금했거든요.

"탈식민지화는 20세기에 일어난 중요한 사건 가운데 하나란다. 탈식민지화는 제2차 세계 대전 이후 세계를 지배한 두 개의 초강대국이 없었다면 불가능했을 거야."

"초강대국이라고요?"

"그래, 초강대국이란 아주 힘센 나라를 말한단다."

츠바이크는 초강대국의 의미부터 설명하고 어떻게 그런 나라가 나오게 되었는지 얘기했습니다.

"제2차 세계 대전이 끝나자 유럽은 완전히 파괴되었지. 모든 것이 끝난 듯했고, 모두 기진맥진했어. 전쟁에서 패배한 독일이나 승리한 영국과 프랑스도 마찬가지였어. 그때 몇몇 유럽 정치인들이 더 이상의 전쟁은 없어야 한다고 말했지. 그리고 전쟁을 없애기 위해 통일된 유럽을 건설하자는 의견도 있었어."

다음 순간 창밖에 베를린이 나타났어요. 도시의 건물들은 폭탄을 맞아 산산조각 났고, 겨울이어서 몹시 추웠습니다. 먹을 것이라곤 전혀 없었어요. 고아가 된 아이들이 쓰레기 더미 사이를 휘젓고 다녔어요. 헐벗은 사람들이 먹을 것을 구하기 위해 거리를 헤매고 다녔습니다.

"제2차 세계 대전의 결과는 분명하게 나타났어. 두 강대국이 나타나서 과거 유럽 국가들이 했던 중재자의 역할을 하게 된 거야. 그중 하나는 미국이었어. 미국은 나라를 빼앗긴 적이 한 번도 없었지. 시민이 대량으로 학살당한 적도 없었고. 게다가 미국은 전쟁을 통해 오히려 부자가 되었단다. 승리했지만 폐허가 된 영국과는 달랐지."

세르지오는 영국 총리 처칠의 감동적인 연설이 떠올랐어요. 츠바이크는 승리했지만 대영 제국에는 종말이 왔다는 연설을 처칠이 했다는 것도 알려 주었어요. 유럽이 전쟁의 여파로 혼란을 겪는 틈을 타서 미국과 또 하나의 초강대국이 전 세계를 나누고 있었습니다.

"또 다른 초강대국은 소련이란다."

"소련!"

세르지오는 스탈린의 포로 수용소 모습이 떠올랐습니다.

"1914년부터 많은 어려움을 겪었던 소련(당시는 러시아)은 제2차 세계 대전에서도 1100만 명의 군인이 죽었단다. 그것은 독일과 일본군 사상자의 두 배였지. 그럼에도 스탈린은 승리자의 대열 맨 앞에 소련을 세웠어. 러시아를 포함하여 소련이라는 이름으로

시대를 대표하는 길라잡이가 안내하는 세계사

영토를 확장했고, 독일에까지 세력을 뻗어 동유럽을 지배했지. 폴란드, 체코슬로바키아, 헝가리, 불가리아, 루마니아도 소련의 영향을 받았지. 스탈린은 중국, 몽골, 북한에도 정치적인 영향력을 펼쳤단다."

세르지오는 너무나 많은 나라들이 스탈린의 지배하에 놓이게 되는 것에 놀랐습니다.

"두 초강대국이었던 미국과 소련은 서로 경쟁하느라 사이가 좋지 않았어. 그들은 냉전 상태였지."

"냉전이 뭔데요? 그것도 전쟁 같은 건가요?"

"그렇지. 냉전도 전쟁이라고 할 수 있지. 하지만 무기를 들고 상대방을 직접 공격하는 것은 아니야. 서로 경쟁 상대였던 미국과 소련은 무력을 사용하지 않고, 경제, 외교, 정보를 수단으로 해서 상대 국가를 압박했단다. 미국은 공산주의였던 소련에 맞서는 유럽의 국가들을 지원해 주었고, 소련은 미국의 자본주의에 반대하는 국가 편을 들었고 말이야. 서로를 향해 직접 폭탄을 쏘아 대지는 않았지만 곧 전쟁이 날 만한 상황도 있었어."

세르지오는 냉전 역시 직접 싸우는 것 못지않게 팽팽한 긴장감이 감돌았을 거라는 생각이 들었습니다.

"제2차 세계 대전이 끝나고 '철의 장막▌'이라는 말을 언급함으로써 미국과 소련의 경쟁을 전 세계에 알린 사람이 영국의 총리 처칠이었어. 처칠의 말이 맞았어. 세계의 국가들은 미국을 지지하느냐, 소련을 지지하느냐에 따라 둘로 갈

시대를 대표하는 길라잡이가 안내하는 세계사

라졌단다."

세르지오의 눈앞에 미국의 의회가 나타났습니다. 그곳에서 트루먼 대통령이 연설했어요.

"현대 국가들은 두 가지 삶의 방식 중 한 가지를 선택해야만 합니다. 바로 민주주의와 공산주의 중에서 하나를 선택해야 한다는 말입니다. 그중 하나가 우리의 방식입니다. 우리의 방식은 권리를 바탕으로 하고 있습니다. 다수의 의지로 정치적 압박에서 벗어나 살 수 있는 권리 말입니다."

여기저기서 박수가 터져 나왔습니다.

"나머지 다른 방식은 공포와 압제를 강요하는 소련의 방식입니다."

츠바이크가 다시 입을 열었습니다.

▌민주주의

정치 형태 중에서 민주주의란 국민이 주인이 되어 스스로 정치에 참여하는 정치를 말한다. 고대 아테네에서처럼 시민의 수가 적으면 직접 참여해서 국가의 일을 결정할 수 있지만, 나라의 규모가 커지자 대의 민주제를 채택해서 국민을 대표하는 국회 의원을 뽑아 그들이 법을 만들고 국민의 의사를 대변하게 되었다. 문제는 선거 말고는 국민 스스로 국정에 참여할 통로가 거의 없다. 그런 점에서 민주주의는 이미 확립된 제도가 아니라 그 안에서 국민의 더 나은 삶을 위해 변화를 추구해야 하는 아직 진행 중인 정치 체제라고 할 수 있다.

▌공산주의

재산의 공동 소유를 뜻하는 라틴 어 코무네에서 나온 말로, 역사가 아주 오래되었다. 그렇지만 실제로 널리 쓰이게 된 것은 마르크스가 자본주의를 비판하면서부터다. 마르크스는 자본주의가 극에 달하면 두 단계에 걸쳐 사회주의가 올 것이라고 선언하였다. 첫 단계에서는 능력껏 일하고 노동에 따라서 분배받고, 두 번째 단계에서는 능력껏 일하고 필요에 따라서 분배받는다고 했다. 그러나 현실에서는 자본주의가 발달하지 않은 러시아에서 볼셰비키에 의한 혁명으로 사회주의를 이룩한 소련이 붕괴하면서 공산주의는 힘을 잃었다. 주목할 점은 민주주의의 반대말이 공산주의가 아니라는 점과 민주주의는 정치 체제, 자본주의는 경제 체제이므로 자본주의의 반대가 공산주의라는 점이다.

"스탈린을 비롯한 소련 사람들은 스스로를 혁명의 안내자이자 수호자라고 생각했어. 승리를 얻을 때까지 고통이 계속되어야 자신들의 뜻을 이룰 수 있다고 주장했지. 소련은 세상 모든 곳에서 자신들의 뜻을 펼치려고 했어."

츠바이크는 냉전 중에 느끼는 가장 큰 고통은 세상이 두 편으로 나뉘어 싸우는 대규모 전쟁이 언제라도 다시 일어날 수 있다는 두려움이었다고 했어요.

"냉전의 시대는 공포의 시대였지. 미국과 소련 모두 핵무기까지 가지고 있었으니까. 이 두 초강대국은 직접 맞서 싸우지는 않았지만, 지구에서 일어나는 모든 전쟁에 관여했어. 한국, 베트남, 아프가니스탄, 니카라과, 앙골라, 에티오피아, 이란, 이라크 같은 곳에서 일어난 전쟁에 말이야. 미국과 소련은 자신들의 영향력을 확대하고 싶은 모든 곳에 관여했단다."

츠바이크는 의자에 다시 앉았어요.

"냉전 시대에 한 도시에 시멘트와 철조망으로 된 장벽이 세워졌어. 그 도시는 바로 베를린이었지. 독일을 동독과 서독으로 나눈 이 벽은 유럽도 동유럽과 서유럽으로 나누었어. 동유럽은 소련의 영향력 아래 있었고, 서유럽은 미국의 영향을 받았어."

츠바이크는 베를린 장벽이 소련의 작품이라고 했습니다.

“하지만 소련은 미국과 보조를 맞추지 못하고 결국, 무너지고 말았지. 1985년에서 1991년 사이에 일어난 일이란다. 이때 소련이 해체되었지. 영국, 프랑스, 네덜란드, 벨기에, 포르투갈이 1945년에서 1975년 사이에 자신들의 제국을 잃어버린 것처럼 말이야. 더 나은 세계를 보장해 준다는 소련의 약속은 이제 무용지물이 되었어. 소련은 자신들의 통제를 받던 동유럽조차 설득할 수가 없었어. 결국, 소비에트 연방이 해체되는 마지막 순간이 왔단다. 소련의 지도자였던 미하일 고르바초프는 스스로 소련의 한계를 인정하고 한 걸음 물러섰어.”

츠바이크의 이야기를 듣던 세르지오 눈에 베를린 장벽이 다시 보였어요.

눈물, 샴페인, 수많은 사람들.

눈앞에 보이는 곳은 1989년 11월 9일의 베를린이었어요. 베를린 장벽의 감시탑에 있던 군인들도 베를린 장벽을 무너뜨리는 사람들에게 총을 쏘지 않았습니다. 수천 명의 독일인들이 장벽에 올라가서 서로에게 샴페인을 뿌리며 기쁨의 눈물을 흘렸어요. 분단되었던 독일이 통일을 이루는 순간이었죠. 츠바이크는 세르지오와 함께 창을 통해 그 모습을 보며 냉전 시대가 끝났다고 말했습니다.

달 착륙

"세르지오, 너에게 고통스러운 모습을 많이 보여 줘서 미안하구나. 하지만 20세기는 가장 야만적인 시대였단다."

츠바이크는 마지막 이야기를 시작했습니다. 그의 목소리가 한결 가벼워졌어요.

"20세기에 인류는 끔찍한 대규모 전쟁을 두 번이나 겪었지만, 동시에 놀라운 일도 해냈단다. 불가능하다고 여겼던 일들을 해낸 거야. 단번에 높은 곳으로 도약한 셈이야."

그 말을 들은 세르지오는 기분이 좋아졌습니다. 아주 멋진 일이 일어났을 거라는 기대감이 생겼거든요.

"비행기와 로켓을 생각해 보렴. 컴퓨터와 인터넷의 발전을 생각해 봐. 반세기 전만 해도 요즘 네가 누리는 것들은 상상할 수도 없었단다. 의학과 과학은 또 얼마나 크게 발전했는지 몰라."

세르지오는 환하게 웃었습니다. 츠바이크도 기분이 좋아졌습니다.

"비행기를 타 본 적이 있는데 정말 재미있었어요."

"20세기에 가장 주목할 만한 건 우주 탐험의 역사가 시작되었다는 거야. 그 얘기를 해 줄까?"

"네!"

"20세기 중반이 되자 새로운 탐험 대상이 필요했어. 이제 지구 상에서 가 보지 않은 곳은 없었기 때문이지. 그래서 탐험가들은 지구 밖으로 나가기로 했어. 우주 여행에 도전한 거야. 미국과 소련이 먼저 나섰단다. 이 두 초강대국은 최초의 우주선을 발사하는 일뿐만 아니라 어느 나라가 먼저 달에 갈지를 두고 앞다투어 경쟁했지."

세르지오는 어느 쪽이 이겼을까 궁금했어요.

"먼저 우주 비행에 성공한 것은 소련이었어. 소련의 우주 비행사 유리 가가린은 1961년 4월 12일 로켓을 타고 지구 궤도를 여행했지. 하지만 우주 비행사를 먼저 달에 보낸 것은 미국이었어. 1969년 7월 20일, 미국의 우주비행사 닐 암스트롱은 무거운 우주복을 입고 달에서 산책했지. 정말 경이로운 일이었단다. 마젤란과 엘카노가 대서양과 태평양을 횡단했던 것보다 더 놀라운 일이었지. 인류의 위대한 승리이자 아름다운 성공이었어."

창밖으로 지구의 모습이 보였습니다. 깜깜한 하늘에 지구가 작은 공처럼 떠 있었습니다. 두 사람은 한참 동안 말없이 지구를 바라보았습니다.

"유리 가가린은 우주에서 본 지구가 파랗고 아름답다고 표현했단다. 직접 보니 그 말이 맞는 것 같지 않니?"

"네. 정말 예뻐요."

　세르지오는 눈앞에 펼쳐지는 우주가 신비롭고 놀라웠지만 점점 눈꺼풀이 무거워지는 것을 느꼈어요. 어느새 세르지오는 꾸벅꾸벅 졸았지요. 벌써 자정이 넘었어요. 츠바이크는 세르지오를 조심스럽게 안아 침대에 눕혔습니다. 그리고 불을 껐습니다. 창으로 달빛이 들어왔어요. 츠바이크는 잠든 세르지오의 얼굴을 내려다보았습니다. 이제 작별할 시간입니다.

　　　　　　　　　　시대를 대표하는 길라잡이가 안내하는 세계사

제1차 세계 대전은 한 발의 총성으로 시작되었을까?

1914년 세르비아 청년이 쏜 한 방의 총알이 오스트리아－헝가리 제국의 황태자를 겨냥했고 그것 때문에 전쟁이 일어났다고 책에 소개되어 있지. 그런데 정말 그 한 방이 그렇게 무지막지한 전쟁의 유일한 원인이었을까? 물론 그것이 직접적인 원인이 되었지만 사실 더 중요한 것은 왜 이런 사건이 일어났는가 하는 배후를 아는 것이겠지?

1914년 이전으로 조금 더 돌아가 보자. 유럽에서 영국을 시작으로 산업 혁명에 성공한 나라들이 생겨났지. 산업 혁명에 성공한 나라들은 자신들이 만든 물건을 팔아야 할 시장이 필요했어. 이왕이면 싼 원료를 공급해 줄 원산지도 필요했고 말이야. 그래서 자신들보다 아직 덜 발달한 아시아, 아프리카에 눈독을 들였어. 이런 식민지를 찾는 데 있어서 영국과 프랑스는 강력한 경쟁 상대였어.

그런데 1800년대 말이 되자 독일이 영국을 앞서게 되면서 상황이 묘하게 전개되었단다. 프랑스와 러시아는 독일 제국을 두렵게 느껴서 서로 동맹을 맺었어. 여기에 영국도 가세했어. 그러자 독일도 오스트리아와 동맹을 맺었어.

그냥 동맹만 맺었다면 세계적인 전쟁은 일어나지 않았겠지? 당시 독일은 육군이 좋은 장비를 갖추고 상당한 전투력이 있었지만, 영국을 견제하기 위해서는 해군도 필요하다고 느꼈어. 해군 조직까지 갖추게 된 독일은 아프리카에서 더 많은 땅을 원했지. 그렇다고 다른 나라들이 손 놓고 가만히 있지는 않았기 때문에 아프리카는 그야말로 일촉즉발의 위기가 감도는 곳이 되었어.

그래도 가장 복잡한 지역은 그리스가 있는 발칸 반도였어. 이 지역은 오랫동안 오스만 제국이 지배하고 있었는데 오스만 제국의 영향력이 약해지자 독립의 기운이 불기 시작했단다. 세르비아와 불가리아는 서로 더 많은 땅을 차지하려고 경쟁했고, 오스트리아와 러시아는 이 지역에 눈독을 들였단다. 1912~13년 발칸 반도에서 두 번의 전쟁이 일어나서 세르비아가 강력한 나라가 되자 오스트리아는 불안해졌어. 왜냐하면, 세르비아는 민족과 종교가 같은 러시아와 밀접한 연관이 있어서 오스트리아로서는 러시아에 발칸 반도에 대한 주도권을 빼앗기게 될까 봐 걱정했거든.

이런 상황에서 오스트리아 황태자 부부가 세르비아 인에게 암살당하자 오스트리아는 이것을 기회로 삼아 세르비아에 선전 포고를 했어. 러시아가 세르비아를 지원하자 독일은 오스트리아를 돕고, 프랑스를 공격했지. 그러자 영국도 프랑스를 지원하고자 전쟁에 가담하고, 이렇게 연쇄 작용으로 유럽의 여러 나라가 전쟁에 끌려들어 간 것이 제1차 세계 대전의 실제 모습이란다.

그러니 한 문제에 대해서 조금 더 넓게 보는 시각을 갖는 것이 중요하다는 것, 물론 제1차 세계 대전의 경우만은 아니겠지?

제2차 세계 대전의 원인은 무엇일까?

제1차 세계 대전은 영국, 프랑스 중심의 연합국 승리로 끝났어. 그런데 그것으로 모든 문제가 해결된것은 아니었단다. 우선 연합국은 전쟁에서는

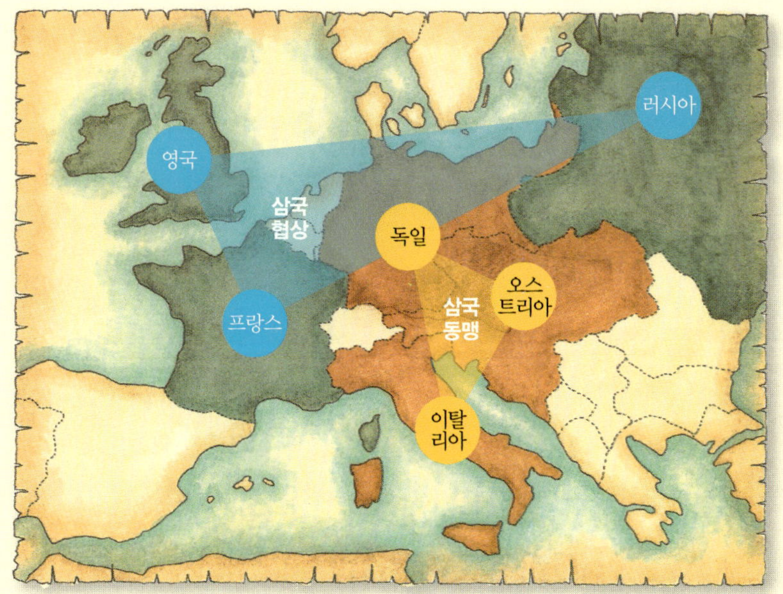

〈제1차 세계 대전 직전 대결 양상〉

이겼지만, 전쟁을 치르느라 미국에서 많은 돈을 빌려야 했어. 짧은 시간에 끝날 것으로 생각했던 전쟁이 1914년에서 1918년까지 이어졌기 때문이야. 1919년 베르사유에서 전쟁에 참여한 국가들이 모여 조약을 맺었을 때 여러 가지 상황 변화가 생겼지. 체코슬로바키아, 유고슬라비아 같은 새로운 나라가 생겨나고, 국제 연맹 같은 조직도 생겼어.

가장 큰 문제는 프랑스가 독일에 너무나 큰 배상금을 요구한 거야. 전쟁이 끝나기 전에 독일에서는 혁명이 일어나 바이마르 공화국이 생겼는데 새로 생긴 공화국에는 이 배상금을 해결할 능력이 거의 없었어. 배상금만이 아니라 독일은 영토도 많이 잃었지. 거기에다 군대를 해산하라는 명령도 받았어.

제1차 세계 대전에서 최대의 혜택을 입은 나라는 미국이었어. 나중에 전쟁에 참여하기는 했지만, 미국은 전쟁 덕분에 산업이 발달했고 연합국에 돈을 많이 빌려 주었지. 제1차 세계 대전이후 미국은 한동안 아주 잘사는 나라가 되었어.

그런데 1929~39년 무렵, 갑자기 경기가 침체하고 노동자들이 일자리를 잃는 사태가 발생하는 대공황이 닥쳤어. 이는 독일의 경제에 직격탄을 퍼부은 꼴이 되었어.

그즈음 경제적으로 너무나 어려워진 독일에 히틀러가 등장했지. 그는 오스트리아 출신이지만 독일에서 군대를 마치고 독일에서 활동했는데 새로운 독일 제국을 창설하려는 야심이 있었어. 1919년 베르사유 강화 조약에서 군대 보유를 금지했지만, 히틀러는 해군과 공군을 조직하여 독일을 강력하게 만든 다음, 국제 연맹에서 탈퇴해 버렸단다.

독일 국민은 어떻게 반응했을까? 그들은 삶이 너무 힘들었기 때문에 생활고를 해결하도록 일자리를 늘리고, 새로운 독일 제국을 만들겠다는 히틀러의 약속에 상당한 매력을 느꼈다고 해.

국내에서 기반을 다진 히틀러는 독일이 전쟁 후 잃은 영토를 되찾기 위해 비무장 지대인 라인란트를 시작으로 오스트리아를 점령하고, 체코슬로바키아와 폴란드가 독일계 주민을 탄압한다는 명분을 내세워 전쟁을 일으키겠다고 위협했단다.

이런 상황에서도 영국과 프랑스는 자신들의 국내 문제가 힘들어서 독일을 제재할 방도를 취하지 못했어. 그러니 독일로서는 전쟁을 일으키기가 쉬운 상황이었지. 그렇게 제2차 세계 대전의 전운이 무르익어 갔어.

1938년 뮌헨 회담에서 영국과 프랑스의 지도자들은 체코슬로바키아 정부와 의논도 없이 독일계 주민이 많이 살고 있다는 이유로 체코슬로바키아 수데텐 지방을 독일에 넘겨주겠다고 합의했어. 독일은 손쉽게 수데텐 지방을 얻었으니 더 넓은 영토를 차지하려는 야심을 버렸을 거같니? 물론 아니지.

얼마 지나지 않아 체코슬로바키아의 수도 프라하까지 진격하여 싸움 한 번 하지 않고 나라를 넘겨받았단다. 그제야 영국과 프랑스는 독일을 믿을 수 없다는 것을 알았어. 그러고는 독일이 위협하던 폴란드를 지원하겠노라고 약속했지. 하지만 1939년 8월, 히틀러는 전격적으로 폴란드 침공을 감행했어. 갑작스럽게 사태가 악화하자 영국과 프랑스가 독일에 선전 포고를 하고 제2차 세계 대전이 시작되었단다.

파시즘과 나치즘, 다르면서도 같은 독재!

파시즘은 '파쇼(fascio)'라는 이탈리아 말에서 나왔단다. 그런데 무슨 뜻이냐고? 파쇼란 나무 묶음을 뜻하는 말이야. 나무 하나는 쉽게 부러뜨릴 수 있지만, 다발이 되면 부러뜨리기 어렵다는 의미야. 여기서 유래한 말로 '단결'이라는 말도 있지. 다발과 파시즘이 무슨 연관이 있느냐고? 조금만 더 설명을 들어 보면 '아하!' 하고 알게 될 거야.

제1차 세계 대전에서 이탈리아는 연합국 편을 들었단다. 그런데 전쟁 비용도 많이 들고 사상자 수도 많았지만, 연합국이 이긴 상황에서도 이탈리아에는 좋은 일이 별로 없었어. 전쟁 후에 부상자들이 돌아오는데도 일자리는 없었지. 이렇게 사회적으로 불안한 상태에서 무솔리니라는 사람이 등장했어. 그는 "나라가 개인보다 우선한다! 나라를 위해서 단결하라! 공산당의 세력을 꺾자!"라고 주장했어. 이런 구호에 매력을 느낀 사람들이 그의 주변으로 몰려들었어. 그들은 세력을 넓혀서 로마로 진군하고 당시 에마누엘레 3세가 이끌던 왕정을 무너뜨리고 정치의 일선에 나섰단다.

이런 무솔리니를 따라 한사람이 바로 히틀러야. 히틀러의 국가 사회주의 독일 노동당(나치스) 역시 국민에게 제1차 세계 대전 후 고통을 주는 문제를 해결할 수 있다고 장담했고, 선거에서 이겼단다. 이탈리아와 다른 점은 나치당은 유대 인에 대한 탄압이 극심했다는 거야. 파시즘과 나치즘은 크게 보면 국가 혹은 전체가 개인에 우선한다고 생각하는 사고 방식을 따랐기 때문에 모두 파시즘이라고 말할 수 있지.

이것이 전부냐고? 한가지 더 언급할 나라가 있어. 바로 일본이지. 일본에도 이런 시기가 있었어. 일본에도 군인이 나라를 다스리는 시기가 있었는데, 그들은 일본의 문제는 오직 힘으로만 해결할 수 있다고 생각했지. 이를 군국주의라고도 부르지만 크게 보면 역시 파시즘의 한 형태라고 할 수 있단다.

그렇다면 파시즘은 전쟁 이후에 다 사라졌을까? 아니야. 오늘날에도 있어. 이성적인 설득이 아닌 폭력이나 힘으로 밀어붙여서 문제를 해결하려는 성향이나 상황을 파시즘적이라고 표현한단다.

이 세상에서 가장 아름다운 곳

작별

누군가 세르지오를 불렀어요. 세르지오는 눈을 떴습니다. 아름다운 클리오 여신이 서 있었어요. 금빛 머리에 반짝반짝 빛나는 눈동자는 처음 만났을 때와 같았습니다.

"츠바이크 씨는요?"

세르지오가 눈을 비비며 물었어요.

"떠나셨단다. 나도 곧 가야 해. 이제 너희 어머니가 널 깨우러 오실 테니까. 〈길라잡이 세계사〉 이야기는 재미있었니?"

세르지오는 잠시 눈을 감았습니다. 헤로도토스, 이븐할둔, 레오나르도 다빈치, 몽테스키외 남작이 떠올랐어요. 조지프 콘래드와 지난밤에 헤어진 츠바이크 씨도요. 츠바이크 씨는 세르지오에게 사람이 선할 수도 있고, 악할 수도 있다는 사실을 가르쳐 주었어요. 세르지오는 다시 눈을 뜨고 대답했습니다.

"정말 재미있었어요!"

클리오 여신은 이미 사라지고 없었습니다.

"클리오 여신님!"

세르지오가 여신을 불렀어요.

"여신님! 잠깐만요!"

세르지오가 간절하게 불렀지만, 아무도 대답하지 않았어요. 그 순간 세르지오는 창틀에 놓여 있는 책을 보았습니다. 클리오 여신이 두고 간 거였어요. 그 책의 제목은 〈길라잡이 세계사〉였습니다.

벌써 1년이 지났습니다. 세르지오는 역사 안내자들이 그리웠어요. 처음에는 그들을 다시 만날 수 없다는 생각이 들어 무척 슬펐지만, 시간이 흐르자 마음이 차분해졌어요. 이제 그때의 기억은 희미해졌어요. 클리오 여신과 역사 안내자들의 얼굴이 잘 기억나지 않을 때면 세르지오는 〈길라잡이 세계사〉를 읽어요. 책을 보면 역사를 움직인 인물들이 다시 기억났고 그들이 한 일들을 거의 다 알 것 같거든요. 역사가 더운 날 시원한 한 잔의 물처럼 소중하다는 사실도 깨달았지요. 역사책을 읽으면 읽을수록 역사에 나오는 여러 이야기들이 역사 속에서 벌어진 시간의 틈을 메우는 데 중요한 역할을 한다는 것도 알게 되었어요. 세르지오는 〈길라잡이 세계사〉를 읽으며 점점 더 많은 상상의 여행을 하고 싶었습니다. 어느 날 밤 세르지오는 클레오파트라가 사는 알렉산드리아를 찾아갔어요. 클레오파트라는 우아하고 아름다웠습니다. 율리우스 카이사르와 클레오파트라 사이에서 태어난 아들,

카이사리온도 보았지요. 또한 클레오파트라와 로마 장군 안토니우스의 슬픈 사랑 이야기도 들었습니다. 어느 날 밤에는 아메리카 원주민의 권리에 관해 이야기 하는 에스파냐 교수님을 만나기도 했어요. 세르지오는 네덜란드에 가 보기도 했어요. 거기서 렘브란트가 그린 풍경을 감상하기도 했죠. 탐험가 스탠리와 함께 아프리카에서 시끄러운 증기선을 타고 강을 따라 여행도 했고요. 어떤 날은 일본의 도쿄에 도착해 있었습니다. 그곳에서 몇몇 일본 장군들이 만주를 공격할 계획을 세우는 모습을 보았어요. 다음 날에는 중국과 미얀마 그리고 진주만에도 가 보았습니다.

세르지오는 그렇게 매일 밤 여행했습니다. 〈길라잡이 세계사〉 덕분에 세르지오는 바다와 대륙을 깡충깡충 뛰어다닐 수 있었어요. 길을 건너듯 손쉽게 시간을 넘나들었고요. 모든 것은 책장을 펼치면 이루어졌습니다. 책을 읽은 다음 눈을 감으면 그것으로 충분했으니까요.

정말 재미있었어요! 처음에는 혼자 책을 읽으며 마음 닿는 대로 여행을 했죠. 나중에는 여동생 블랑카에게 비밀을 털어놓았습니다. 블랑카는 아직 어렸지만, 얼마든지 세르지오와 함께 할 수 있었어요. 세르지오는 '이런 감동적인 역사 여행을 기억 속에 영원히 담아 놓을 수 있다면 얼마나 좋을까?' 하고 생각했답니다.

세르지오와 블랑카, 여러분만 이 방에 있으면 충분해요. 세르지오는 신이 나서 큰 소리로 책을 읽고, 동생 블랑카는 미소 짓고 있어요. 창밖에는 강줄기를 따라 신비로운 도시가 나타납니다. 나무가 울창한 산책로와 아이스크림 가게도 보여요. 세르지오와 블랑카, 여러분이 책을 읽고 있는 이 방이야말로 세상에서 가장 아름다운 곳이랍니다.

인물 정리

신세계(16세기와 17세기)

피렌체

❖ 루도비코 스포르차 (Ludovico Maria Sforza, 1452년~1508년)

이탈리아 밀라노의 공작. 레오나르도 다빈치를 비롯해 당시 르네상스 시대의 많은 예술가를 후원한 것으로 유명하다. 그는 얼굴빛이 검고 머리카락이 검다는 이유로 일 모로(무어 인)라는 별명으로 불렸다.

❖ 체사레 보르자 (Cesare Borgia, 1475년~1507년)

아버지가 로마 교황청 추기경인 특이한 이력을 가진 체사레 보르자는 어린 나이에 성직자로 임명되었으나 적성에 맞지 않았다. 아버지가 교황이 되자 아버지의 오른팔 노릇을 했다. 그는 나중에 성직을 떠나서 이탈리아 중부 로마냐 지방을 장악하고 그 지역의 여러 영주의 땅을 빼앗았다. 아버지가 교황의 자리에 있는 동안에 이 지역을 통일하려고 했지만, 교황이 말라리아로 일찍 죽는 바람에 그의 계획은 어긋났다. 그가 로마냐를 통치하던 시절에 펼친 냉혹한 정치는 당시 이탈리아가 통일 국가를 이루어야 한다고 생각했던 마키아벨리에겐 이상적인 군주로 보여서 그가 군주론의 모델이 되었다는 이야기가 있다.

❖ 보카치오 (Giovanni Boccaccio, 1313년~1375년)

이탈리아의 소설가로 근대 소설의 아버지로 불린다. 그의 대표작 〈데카메론〉은 흑사병을 피해서 도시를 떠난 인물들이 모여 10일간 이야기하는 형식으로 되어 있다. 인물들 각자의 개성을 잘 살린 〈데카메론〉은 폭

발적인 인기를 끌었다고 한다. 그와 페트라르카의 만남은 이탈리아 인
문주의의 초석이 되었다. 단테를 존경한 보카치오는 〈신곡〉을 강의한
것으로도 유명하다.

✣ 도나텔로 (Donatello, 1386년~1466년)

피렌체 출신의 조각가. 자연을 세밀하게 관찰하여 전통적인 고딕 방식
에서 벗어난 기법으로 건축의 브루넬레스코, 회화의 마사초와 더불어
르네상스 미술을 연 인물이다. 그의 조각은 다양한 재질을 사용하여 인
간의 감정을 잘 드러낸 것으로 유명하며 베로키오와 미켈란젤로에게도
영향을 주었다. 주목할 작품이 많지만 가장 널리 알려진 작품은 '다비드'
이다.

✣ 브루넬레스코 (Filippo Brunellesco, 1377년~1446년)

이탈리아 르네상스 건축 양식을 확립한 인물 중의 한 명이다. 그의 대표
작으로는 피렌체의 산타마리아 델 피오레 성당의 돔이 있다. 피렌체의
세례당 출입문에 조각할 사람을 뽑는 경합에서 기베르티에게 진 뒤 도나
텔로와 로마로 갔다. 그곳에서 고대 로마의 흔적을 찾아다니면서 공부한
것이 돔을 세우는 데 큰 도움이 되었다고 한다. 그는 건축 이외에도 공간
감을 표현하는 원근법에 눈떠 마사초의 그림에 커다란 영향을 주었다.

✣ 잠 볼로냐 (Giovanni de Bologna, 1529년~1608년)

플랑드르 출신이지만 피렌체에서 활동했다. 메디치가의 보호를 받았고,
청동으로 작은 조각을 만들었는데, 세련된 풍이 잘 드러나서 당시 사람
들에게 사랑받는 조각가였다. 넵튠의 분수 조각이 유명하다.

✤ **구텐베르크** (Johannes Gutenberg, 1397년~1468년 혹은 1469년)

구텐베르크가 인쇄술 자체를 발명한 것은 아니다. 그러나 그는 근대 활판 인쇄술의 발명자로 이 기술 덕분에 인쇄술은 혁명적인 변화를 겪었다. 그가 인쇄한 많은 책 중에 가장 유명한 것은 라틴 어 성서다. 이 성서는 '구텐베르크 성서'라고 불린다. 그의 인쇄술은 독일을 넘어서 유럽 전역으로 퍼졌고, 종교 개혁과 과학 혁명의 촉매 역할을 하였다.

대항해 시대

✤ **엔히크** (Henrique, 1394년~1460년)

포르투갈의 왕자. 왕위를 잇지는 못했지만, 바다를 항해하는 데 필요한 지식을 가르치는 연구소를 세워 포르투갈 사람들이 항해에 나설 수 있는 기초를 마련했다. 그래서 항해왕 혹은 바다의 왕자라고 한다. 그가 배출한 선원들이 당시 죽음의 바다로 알려진 아프리카 보쟈드르 곶 탐험에 성공한 이후 포르투갈은 유럽 최초로 대항해 시대를 열었다. 항해에 도움이 되는 것이라면 무엇이든 연구하겠다는 엔히크의 결심은 서유럽을 바꾼 커다란 동력이되었다.

✤ **바르톨로메우 디아스** (Bartolomeu Dias, 1450년경~1500년)

탐험가 집안에서 태어난 바르톨로메우 디아스는 어려서부터 바다에 관심이 많았다. 주앙 2세에게 탐험대 대장 자리를 맡아 달라는 부탁을 받고 인도로 가는 항해를 시작한 그는 콩고에서 폭풍을 만나 헤매다가 자신이 아프리카의 동쪽 해안에 왔다는 것을 알았다. 즉 인도양에 도착한 것이다. 목표는 인도였지만 그는 지친 선원들의 불만 때문에 포르투갈

에 돌아가던 중 희망봉을 발견했다. 인도에 도착하지 못했기 때문에 그
는 탐험대의 대장 자리는 맡지 못했지만, 바스쿠 다가마의 항해에 참여
해 희망봉으로 가는 길을 안내해 주다가 희망봉 근처에서 폭풍우에 휘
말려 죽었다.

✦ 바스쿠 다가마 (Vasco da Gama, 1460년 혹은 1469년~1524년)

어린 시절 수학과 항해술을 배운 바스쿠 다가마는 누구나 인정할 만큼
항해 실력이 뛰어나서 주앙 2세의 뒤를 이은 마누엘 1세는 그에게 인도
항로 개척을 부탁했다. 1497년 인도로 가는 항로를 찾던 중 죽을 고비를
여러 번 넘겼지만 동행한 바르톨로메우 디아스의 조언으로 무사히 희망
봉을 지났다. 1498년 인도의 캘리컷에 도착, 유럽 인이 꿈에도 그리던
인도 항로를 처음으로 발견하는 공로를 세웠다. 세 번에 걸쳐 인도양 항
해를 한 뒤 인도의 총독으로 임명되었다. 총독이 된 지 3개월 만에 과로
로 죽었다

✦ 콜럼버스 (Christopher Columbus, 1451년~1506년)

이탈리아 제노바 출신인 콜럼버스는 어려서부터 항해에 관심이 많았다.
어른이 되자 아이슬란드와 아프리카 서해안처럼 점점 먼 곳으로 항해하
다가 생계를 위해 지도를 판매하였다. 이곳에서 만난 선원들의 이야기
를 듣다가 대서양을 건너 인도에 도착하겠다는 꿈을 갖고 여러 나라 왕
에게 지원을 부탁했고, 마침내 에스파냐의 이사벨 1세 여왕의 지원을 받
게 되었다. 험난한 항해 끝에 도착한 곳이 바로 산살바도르와 쿠바, 히
스파니올라 섬이었다. 그는 죽을 때까지 그곳이 인도라고 믿었지만 실
제로 유럽 인에게는 새로운 대륙이었고, 그가 이곳에 도착한 최초의 유

럽 인이었다. 그가 바라던 금은 없었지만, 이 사건을 계기로 세계사의 큰 흐름이 바뀌었다.

✜ 마젤란 (Ferdinand Magellan, 1480년~1521년)

포르투갈 출신으로 어려서부터 탐험에 관심이 많았다. 해군 장교가 되어 아시아의 여러 나라에 가 보았고 특히 인도네시아의 말루쿠 제도에 가면서 무역에 눈을 떴다. 일하던 중 포르투갈 왕의 의심을 사는 일이 생기자 에스파냐로 가서 카를로스 1세에게 동양에 이르는 서쪽으로 가는 길을 찾아야 한다고 제안했다. 마젤란의 말에 동의한 왕이 그에게 다섯 척의 배를 내주어 항해를 시작했다. 대서양을 건너 아메리카 대륙을 따라 남쪽으로 이동하던 중 길고 긴 해협을 건너 태평양에 도착했다. 석 달에 걸쳐 고통스러운 항해를 한 뒤 필리핀 제도에 도착했지만, 그는 이곳 섬들을 장악하려다 원주민과의 결투 끝에 죽었다. 그러나 나머지 선원들은 말루쿠 제도에서 향신료를 얻은 뒤 무사히 에스파냐에 도착함으로써 지구가 둥글다는 것을 최초로 증명하였다.

분열

✜ 마르틴 루터 (Martin Luther, 1483년~1546년)

아버지의 뜻에 따라 법학을 공부하던 중 함께 길을 가던 친구가 벼락을 맞아 죽는 사건을 경험하고는 신학으로 길을 바꾸었다. 그는 당시 면벌부 판매가 횡행하던 독일 상황에 대해서 고심하면서 자신이 생각하는 95개 항목을 적어 비텐베르크 성 교회 문에 붙였다. 마침 인쇄술이 발달한 터라 이를 독일어로 번역한 인쇄물이 독일 전역으로 퍼져 상당한 반향을 불러일으켰다. 교황과 신성 로마 제국황제는 그를 비난했지만, 작센의 통치자가 그를 보호해 주어서 그곳에서 독일어로 성서를 번역했다. 그는 계속해서 새로운 교회 만들기에 주력해 루터파 교회를 만들었다. 이때부터 중세를 하나로 통일했던 종교의 통일성이 사라지고 유럽은 가톨릭과 프로테스탄트(개신교)로 나뉘게 되었다. 르네상스와 더불어 종교 개혁은 중세에서 근대로 넘어가는 중요한 계기가 되었다.

오스만 제국

✦ 술레이만 대제 (Suleiman, 1520년~1566년 재위)

오스만 튀르크의 황제로 그의 통치 기간 중에 오스만 튀르크는 최고 전성기를 맞이하였다. 그는 중동 지역과 유럽 및 북아프리카에서 새로운 영토를 확보하였고, 아랍 세계 전체를 지배했다. 정복 활동만이 아니라 국내 정치의 개혁에도 힘을 기울여 법률을 개혁하고 세금 제도를 공정하게 고치려고 노력하였다. 또 건축에도 힘을 기울였는데 당대의 유명한 건축가 시난이 건축한 술레이마니에 사원은 널리 알려져 있다.

✦ 펠리페 2세 (Felipe II, 1527년~1598년)

신성 로마 제국의 황제이자 에스파냐의 왕이었던 카를로스 5세의 아들이다. 아버지인 카를로스 5세는 오랜 전쟁에 시달려 죽기 전에 제국을 둘로 나누어서 하나는 동생에게 다른 하나는 아들에게 물려주었다. 물려받은 영토는 에스파냐를 비롯해 이탈리아 남부, 네덜란드, 아메리카 대륙의 에스파냐령이었다. 열렬한 가톨릭교도였던 그는 네덜란드에서 일어난 신교도들의 반란을 진압하는 일에 실패하고, 영국과의 싸움에서 무적함대가 패배하는 등 물려받은 영토를 제대로 지키지 못했다. 그래서 그의 대에서 에스파냐는 세력이 약해지기 시작했다.

✤ 세르반테스 (Miguel de Cervantes(Saavedra), 1547년~1616년)

에스파냐 출신의 소설가. 소설 〈돈키호테〉의 저자이지만, 그는 군인이었다. 교황의 사절로 에스파냐에 온 추기경의 비서로 이탈리아에 간 세르반테스는 이탈리아 주둔 에스파냐군에 입대해서 레판토 해전에 참가했다. 이때 한쪽 팔을 잃은 그는 돌아오던 중 해적을 만나 아프리카로 끌려갔지만, 몸값이 없어서 돌아오지 못했다. 몇 차례 탈출을 시도했지만, 그때마다 붙잡혀 그의 불운을 안타까워한 사람들이 대신 몸값을 치렀다고 한다. 에스파냐에 돌아온 그는 경제적인 문제를 해결하기 위해 여러 가지 일을 했다. 그 와중에 소설을 썼는데, 그중에서도 〈돈키호테〉가 크게 호평을 받았다. 이 작품으로 그는 근대 소설의 효시라는 명성을 얻었는데, '햄릿형', '돈키호테형'이라는 인물의 비교가 가능할 정도로 전형적인 인물을 창조해 냈다. 중세에서 근대로 넘어가는 시기의 시대상이 잘 드러난 이 소설은 현대에도 다양한 장르에 영향을 주고 있다.

과학

✤ 코페르니쿠스 (Copernicus, 1473년~1543년)

폴란드의 천문학자. 이탈리아에 유학하면서 그리스의 고문헌을 읽다가 사모스의 아리스타르코스의 태양 중심설을 알게 되었다. 프톨레마이오스의 천동설에 문제가 많다고 생각하던 그는 아리스타르코스의 주장대로 지구가 움직인다고 생각하니 많은 문제가 해결되는 것을 보고 〈천체

의 회전에 관하여>를 출간했다. 이 저서는 당시까지 통용되던 닫힌 우주
론에서 열린 우주론으로, 지구 중심에서 태양 중심으로 나가는 획기적인
변화의 문을 열었다. 그래서 '코페르니쿠스 혁명'이라고까지 불린다.

✤ 갈릴레오 갈릴레이 (Galileo Galilei, 1564년~1642년)

이탈리아의 천문학자, 물리학자, 수학자인 갈릴레오는 수학 교수로 재
직하였다. 진자의 원리를 발견했고, 피사의 사탑에서 한 실험으로도 널
리 이름을 알렸다. 당시까지 믿었던 아리스토텔레스의 이론을 실험으로
반박함으로써 근대 자연 과학의 개막을 알렸다. 네덜란드에서 망원경
이 발명되었다는 소식을 듣고 그보다 배율이 높은 망원경을 스스로 만
들어 우주를 관찰한 그는 태양에 흑점이 있다는 것, 목성에 위성이 있다
는 사실을 알아냈다. 그는 코페르니쿠스의 의견이 옳다는 것을 확신하
고 프톨레마이오스와 코페르니쿠스의 2대 세계 체제에 관한 대화를 집
필했다. 그러나 이 일로 교황청의 분노를 사서 말년에 집 안에 칩거하라
는 명령을 받았다. 칩거 중에도 저술 활동을 계속하여 새로운 과학의 체
계를 세우려고 노력했다.

✤ 조르다노 브루노 (Giordano Bruno, 1548년~1600년)

이탈리아 르네상스 시기의 자연 철학자로 스콜라 철학과 로마 가톨릭
교회의 권위를 부정했다. 그는 그리스 자연 철학자들과 코페르니쿠스의
영향을 받았고, 범신론적 세계관을 갖고 있었다. 교황의 영향력이 컸던
시기에 이런 세계관을 갖고 의견을 밝힌다는 것은 파문의 위험을 자초
하는 일이었다. 오랫동안 유랑 생활을 하던 그는 이탈리아로 돌아왔을
때 결국 체포되어 감옥에 갇혔다가 화형당했다. 당시에는 세계관의 차

이로 목숨을 빼앗기기도 하였지만, 태양이 도는 것이 아니라 지구가 돈다는 생각은 계속해서 학자들의 주목을 받았다.

이성의 세기

백과전서파

✤ 루이 14세 (Louis XIV, 1638년~1715년)

프랑스의 절대 군주로 오랫동안 군림한 왕. '짐이 곧 국가'라는 말로 자신의 절대성을 드러냈다. 국가의 중요한 결정을 혼자서 내렸기 때문에 영국과는 달리 의회의 권한이 크지 않았다. 프랑스를 유럽 제일의 나라로 만들겠다는 야심으로 군대를 키워 전쟁을 빈번하게 벌이자 긴장한 유럽의 다른 나라들이 연합하여 프랑스에 맞서 싸웠다. 군비를 마련하기 위해 세금을 많이 걷자 농민들의 삶이 어려워져 수천 명의 농민이 굶어 죽는 사태가 발생하기도 했다. 그는 죽음을 앞두고 후계자에게 건축과 전쟁을 좋아한 나를 본받지 말라는 유언을 남겼다고 한다.

✤ 디드로 (Denis Diderot, 1713년~1784년)

프랑스 계몽주의 시대의 철학자이자 계몽 사상가. 작가, 예술 비평가 등 다양한 일에 종사하였다. 디드로가 살았던 당시의 프랑스는 신분제와 종교가 사회 발전에 방해 요소였지만, 기득권을 지닌 제1신분과 제2신분은 특권을 포기하려고 하지 않았다. 계몽 사상가들은 〈백과전서〉를

편찬하여 사회의 변화를 촉진하고자 했는데 그 일에 앞장선 사람 중의
한 명이 바로 디드로이다. 그는 지식과 기술, 산업의 결합을 통해서 사
회를 발전시켜야 한다고 느꼈지만, 정치 체제는 입헌 군주제를 유지해
야 한다는 의견을 고수했다.

✛ 달랑베르 (Jean Le Rond D'Alembert, 1717년~1783년)

어려서부터 수학과 물리학에 탁월한 재능을 보인 달랑베르는 적분법에
관한 논문으로 25세에 파리 과학 아카데미의 회원이 되었다. 대학자인
그는 역학론으로 해석 역학의 기초를 세웠다. 또한, 디드로와 〈백과전
서〉 편찬에 힘을 기울였는데 수학 항목을 도맡아서 집필하였고 그가 쓴
〈백과전서〉의 서문은 명문으로 유명하다. 계몽주의 철학자들은 자연 과
학에 관한 관심을 넘어 이를 통해 사회를 변화시키려는 실천적인 노력
을 기울였다는 점에서 앞으로 올 세계의 변화, 특히 프랑스 혁명에 이바
지한 공로를 인정받는다.

계몽주의 여행자들

✛ 제임스 쿡 (James Cook, 1728년~1779년)

영국 출신. 선원으로 일하며 지도 보는 법과 측량술을 터득했다. 해군으
로 직업을 바꾼 그는 항해 실력을 인정받아, 타히티로 가서 금성이 태양
면을 통과하는 것을 관측하라는 명령을 받았다. 관찰을 끝낸 그는 남쪽
바다에 있다는 미지의 대륙을 찾아 나섰다. 뉴질랜드와 오스트레일리아
를 탐험하여 영국에 이 대륙을 안겨 주고, 연이은 탐험으로 하와이 제도
를 발견하였다. 북으로 올라가서 알래스카를 탐험한 뒤 베링 해협을 지

나 북극을 탐험했다. 계속되던 탐험에서 하와이 제도의 원주민과 선원의 다툼을 말리려다 화살에 맞아 숨을 거두었다. 그가 탐험하면서 남긴 세계 지도, 원주민 문화와 동식물에 대한 기록은 학자들에게 커다란 도움이 되었다.

자유의 나라

✢ 찰스 1세 (Charles I, 1625년~1649년)

왕권신수설을 믿었던 영국 왕. 세금 인상을 거부하며 왕의 권위에 저항했던 의회와 충돌, 대립하다가 내전이 발발했다. 처음에는 왕을 지지하는 왕당파가 이겼지만, 크롬웰이 이끄는 군대에 패배했다. 왕위를 되찾기 위해 스코틀랜드의 신하들과 음모를 꾸민 것이 탄로 나 국민에 대한 반역 혐의로 처형당했다. 이 사건은 영국 정치사상 처음이자 마지막으로 왕이 처형당한 것으로 이후 영국의 의회 정치가 발전하는 계기가 되었다.

✢ 존 로크 (John Locke, 1632년~1704년)

크라이스트 처치 대학을 졸업하고 연구원으로 있던 중 의학에 관심을 갖게 되었다. 로크는 당시 정계에서 상당한 영향력을 갖고 있던 애슐리 경의 수술을 집도해서 성공한 후 그의 주치의가 되었다. 로크는 의사로서만이 아니라 정치적인 조언을 겸하게 되었고, 새프츠베리 백작이 된 애슐리 경과 정치적 생명을 함께했다. 새프츠베리가 네덜란드로 망명하자 존 로크도 네덜란드로 옮겼다. 그곳에서 저서를 통해 종교적 관용을 주장하고, 사회 계약설에 관한 의견을 펼치기도 했다. 영국에서 명예 혁

명이 성공하자 네덜란드의 오렌지 공 부부와 함께 영국으로 왔다. (그들은
명예 혁명 이후 영국의 국정을 공동으로 담당했다.) 그 뒤 정치적으로도 철학적으로
도 영향력을 행사하면서 일생을 보낸다.

미국의 탄생

✣ 조지 3세 (George III, 1738년~1820년)

영국 하노버 왕조의 세 번째 왕. 그가 통치할 때 아메리카 식민지의 조
세 저항이 벌어져서 아메리카 13개 주 식민지를 잃었다. 그는 정신 이상
으로 오랫동안 고생했고, 결국 정치에서 손을 놓았다. 조지 3세 시대에
영국에서는 인도 문제, 청나라와의 교섭 문제, 프랑스 혁명 발발로 말미
암은 프랑스와의 대립 상황 등 다양한 국제적인 문제들이 발생하였다.
이때 영국의 의회가 역할을 제대로 함으로써 영국 의회의 위상이 크게
높아졌다.

✣ 토머스 제퍼슨 (Thomas Jefferson, 1743년~1826년)

미국의 정치가, 교육자, 철학자, 건축가. 변호사로 활동하다가 정치에
관심을 두고 버지니아 식민지 의회 하원 의원으로 활동했다. 1775년
1, 2차 대륙 회의에 참여했고 1776년에는 독립 선언문의 기초 문안을
작성했다. 그는 조지 워싱턴 내각의 초대 국무 장관이었으나 연방파인
해밀턴과의 의견 차이로 사임하고 민주당의 기원인 민주 공화당을 창당
했다. 1800년 3대 대통령에 취임한 뒤 연임했다. 그 뒤 은퇴해서 버지니
아로 돌아가 버지니아 대학교를 설립했고, 정치와 종교를 분리하기 위
해 노력했다. 많은 분야에 걸쳐 영향력을 발휘했기 때문에 그를 '몬티첼

로의 성인'이라고 부르기도 한다.

프랑스 혁명

✛ 루이 16세 (Louis XVI, 1754년~1793년)

프랑스 부르봉 왕조의 왕으로 루이 15세에 이어 왕위에 올랐으나 정치에는 큰 관심이 없었다. 사냥과 열쇠 수리에 열을 올렸다는 루이 16세는 계속되는 흉년에 재정이 모자라자 이를 해결하기 위해 삼부회를 소집했지만, 뜻대로 되지 않았다. 제3신분이 따로 모여서 의회를 결성하자 이를 제지하려고 하던 중 파리 민중의 바스티유 감옥 습격사건이 벌어졌다. 이것이 도화선이 되어 결국 부르봉 왕조는 무너지고 말았다. 루이 16세는 도망치다 붙들려 결국 단두대에서 사형당했다.

✛ 막시밀리앙 드 로베스피에르 (Maximilien François Marie Isidore de Robespierre, 1758년~1794년)

프랑스 부르봉 왕조와 프랑스 혁명기에 변호사, 정치인으로 활약하였다. 로베스피에르는 1789년 삼부회가 열렸을 당시 시민층의 지지로 삼부회 의원이 되었고, 루이 16세에 대항해서 국민의회 결성에 힘을 보탰다. 자코뱅파 창당에 이바지했으며, 프랑스 혁명이 공포 정치로 바뀌는 데 큰 역할을 해서 나중에는 같은 정당의 사람들에게도 공포의 대상이 되었다. 결국, 그를 두려워한 사람들의 모의로 단두대의 이슬로 사라졌다.

나폴레옹

❖ 나폴레옹 보나파르트 (Napoleon Bonaparte, 1769년~1821년)

코르시카 출신으로, 코르시카가 프랑스령이 되자 프랑스 군사 학교에서 훈련을 받고 군인이 되었다. 1790년대에 군인으로서 두각을 나타내었고, 프랑스 혁명이 공포 정치로 파국으로 치닫자 총재 정부의 부름을 받았다. 오스트리아 전쟁에서 큰 공을 세운 그는 이집트 원정 뒤에 원로원과 협상하여 제1 총재가 되었고, 1805년 황제의 자리에 올랐다. 유럽 대륙을 대부분 차지했지만, 러시아 침략에는 실패했다. 유럽 연합국의 공세에 밀려 유배된 뒤 세상을 떠났다. 전쟁 때문에 수많은 사람이 죽었지만, 그의 군대가 진군한 곳에는 프랑스 혁명의 사상이 퍼져 나가 유럽의 변화에 크게 영향을 주었다.

❖ 고야 (Francisco de Goya y Lucientes, 1742년~1828년)

에스파냐 출신의 화가. 로코코에서 낭만주의를 아우르는 다양한 그림 속에서 고전주의를 넘어서 근대화의 선구자가 된 그의 모습을 볼 수 있다. 왕립 아카데미 입학을 거부당하고 떠난 이탈리아 여행에서 역사화에 눈을 뜨고 에스파냐에 돌아와서 태피스트리 작업부터 시작했다. 능력을 인정받아 궁정 화가가 된 뒤 초상화에서 두각을 나타냈다. 프랑스 군대가 쳐들어왔을 때 대처한 에스파냐 민중의 모습을 담은 '1808년 5월 3일'은 시대를 비추는 그림으로 주목받았다. 그 이후 귀가 들리지 않게 된 그는 인간 내면의 광기를 드러낸 판화집으로 후대의 상징주의 화가들에게도 큰 영향을 주었다.

해방자들

✤ 에르난 코르테스 (Hernan Cortes, 1485년~1547년)

귀족 집안에서 태어나 그는 법학을 공부했으나 탐험에 더 뜻을 두었다. 탐험가가 되어 서인도 제도와 아이티를 탐험하고 쿠바에 머물던 중 에스파냐 식민지 탐험대의 대장을 맡았다. 군사를 이끌고 지금의 멕시코 지역인 유카타 반도에서 본격적으로 식민지 정복에 돌입한다. 당시 아스테카 왕국의 주민은 처음 보는 말과 대포에 놀랐다. 그래서 군대의 수가 많지 않았음에도 몬테수마 왕은 코르테스의 협박에 굴복했다. 코르테스의 정복 이후 에스파냐의 왕은 그곳을 새로운 식민지라는 의미로 노바 에스파냐라고 명하고, 코르테스를 총독으로 임명하였다. 그러나 코르테스는 지나친 권력 행사로 결국 본국으로 소환당했고, 왕의 냉대를 받으면서 쓸쓸하게 말년을 보냈다.

✤ 조지 워싱턴 (George Washington, 1732년~1799년)

영국의 식민지였던 아메리카 버지니아 주 출신으로, 식민지 전쟁 때 프랑스에 맞서면서 두각을 나타내기 시작했다. 지주였던 그는 영국과의 전쟁이 시작되었을 때는 독립을 추구하지는 않았다. 그러나 영국과의 전쟁 양상이 바뀌자 독립하자는 의견에 힘을 모으고 식민지 군대의 총사령관이 되어 싸웠다. 독립한 아메리카 13주가 연방으로 거듭나는 일에 영향력을 행사하고, 초대 대통령에 뽑혔다. 제2대까지 대통령직을 수행한 후 스스로 공직을 떠나 미국 역사에서 모범을 보였다.

❖ **시몬 볼리바르** (Simon Bolivar, 1783년~1830년)

남아메리카의 독립 운동 지도자로 해방자라고도 한다. 나폴레옹이 에스파냐를 침략한 틈을 타서 라틴 아메리카에 독립의 기운이 거세게 일었다. 1811년 베네수엘라가 에스파냐로부터 독립을 선언하자 그는 베네수엘라 군대를 지휘하여 에스파냐 세력을 몰아냈다. 그 이후 콜롬비아, 에콰도르의 독립에도 관여해 독립을 이끌어 냈고 대콜롬비아 공화국을 만들었다. 나중에 그의 의도대로 공화국이 기능하지 못하자 실의에 빠졌지만 처음 만든 이 조직은 라틴 아메리카가 공동으로 합의를 이끌어 내는 데 초석이 되었다. 라틴 아메리카의 볼리비아는 그의 이름을 따 나라 이름을 지은 경우로, 그의 공적을 기리고 있다.

진보의 세기

산업 혁명

❖ **제임스 와트** (James Watt, 1736년~1819년)

글래스고 대학의 작업실에서 일하던 와트는 수리해 달라고 맡긴 뉴커먼의 양수 펌프(물을 퍼 올리는 장치)를 대폭 개량하여 증기를 농축할 수 있는 압축 장치를 따로 설치했다. 그 결과 증기 기관의 성능이 크게 늘어서 증기 기관 하면 바로 제임스 와트를 떠올리게 된다. 그의 증기 기관은 당시 영국의 산업 발전에 크게 이바지했다.

✤ **조지 스티븐슨** (George Stephenson, 1781년~1848년)

증기 기관차 발명가. 그는 탄광 기관부의 아들로 태어나 어려서부터 기관에 관심이 많았다. 탄광의 소유주를 설득하여 증기 기관차를 만들어서 탄광 안에서 시험 운전에 성공한 후, 1823년 세계 최초로 뉴캐슬에 기관차 공장을 설립했다. 그가 만든 기관차가 1825년에 로커모션호라는 이름으로 달리게 됨으로써 철도 수송의 시대가 열렸다. 그 이후 모든 선진국에 철도가 부설되어 세계는 수송에서 커다란 변화를 맞았다.

✤ **새뮤얼 모스** (Samuel Finley Breese Morse, 1791년~1872년)

미국의 발명가. 원래는 화가였으나 1832년 이탈리아에 유학한 뒤 돌아오는 배에서 최신 전자기학에 관해 듣고는 흥미를 갖게 되었다. 전신기를 만들어 보려고 생각한 그는 여러 가지 시도 끝에 점과 선으로 신호를 보내는 방법을 개발했는데 이것이 바로 모스 전신 부호이다. 처음에는 특허권 획득에 실패했으나, 웨스턴 유니언 전신 회사가 설립되자 모스는 특허를 통해 그의 발명에 대해 보상받게 되었다. 증기 기관, 기관차에 이어 모스의 전신은 통신 수송의 혁명에 크게 이바지했다.

평등의 씨앗

✤ **바쿠닌** (Mikhail Aleksandrovich Bakunin, 1814년~1876년)

러시아의 무정부주의자. 독일 철학 중 특히 헤겔에 심취하여 공부한 뒤, 1840년 국외로 나가 프루동, 마르크스 등과 교류하였다. 그는 1848년에 유럽에 혁명의 기운이 돌자 전 슬라브민족의 공화국 수립을 주장하였다. 1849년 드레스덴 봉기에 참가하였다가 체포되었다. 러시아로 송

환되어 시베리아로 유배당했으나 탈출하여 런던으로 망명하였다. 바쿠
닌은 마르크스와 대립하여 무정부주의를 주장했다. 그는 노동자 계급의
정치 등 모든 면에서 철저하게 무정부주의를 주장하여 나중에 크로폿킨
에게 큰 영향을 주었다.

❖ 마르크스 (Karl Marx, 1818년~1883년)

독일 출신의 철학자, 경제학자, 혁명가. 대학에서 법률과 철학을 공부한
마르크스는 당시 자본주의의 구조에 모순을 느끼고 사회 운동에 투신했
다. 1847년 공산주의자 동맹이 만들어지자 친구 엥겔스와 함께 〈공산당
선언〉을 썼다. 독일에서 추방당한 후 영국으로 망명한 그는 영국의 자
본주의 경제를 연구하면서 자본론을 썼는데 이 책에서 자본주의의 형성
과정과 이윤을 추구하는 자본주의의 미래에 대해서 세밀하게 연구하였
다. 자본주의의 문제점을 해결하기 위해서는 생산 수단을 모두가 함께
공유하는 공산주의 사회를 건설해야 한다고 주장한 이 책은 자본주의를
제대로 알기 위한 중요한 저서로 평가받는다. 현실적으로는 제1인터내
셔널을 만들어 사회주의 운동을 이끌기도 했다.

여러 국가의 탄생

❖ 메테르니히 (Fürst von Metternich, 1773년~1859년)

오스트리아의 정치가. 1813년 대프랑스 동맹을 결성하여 나폴레옹의
실각을 유도했으며, 1815년에 빈 회의를 주도해서 나폴레옹 이전의 구
체제로 돌아가는 일에 앞장섰다. 그는 독일과 이탈리아에서의 자유를
위한 움직임에도 제동을 걸었고 국내에서도 경찰력을 동원하여 오스트

리아 내의 자유 세력을 억압하는 보수 정치에 앞장섰다. 그러나 그의 이런 정책은 그리스의 독립 과정과 1830년의 3월 혁명으로 어려움에 빠졌다. 결국, 1848년 7월 혁명 기간에 실각했고 영국으로 망명하였다.

❖ **비스마르크** (Otto Eduard von Bismarck, 1815년~1898년)

독일의 정치가. 1862년부터 프로이센 정부를 이끌었다. 그는 의회 연설에서 '지금 우리의 문제는 언론이나 다수결로는 해결할 수 없다, 오직 철과 피(무기와 전쟁)로 해결할 수 있을 뿐'이라는 폭탄 선언을 한 후 의회의 반대를 물리치고 군비를 확장했다. 이렇게 준비를 한 다음 독일 통일에 걸림돌이었던 오스트리아, 프랑스와의 전쟁을 승리로 이끌었고 1871년 드디어 독일 통일을 수행하는 중요한 역할을 담당했다. 그가 정부를 이끌던 시기에 독일의 공업은 눈부시게 발전했지만, 사회주의자 진압법을 만들어 노동자들을 철저하게 억눌러 독일이 군국주의로 가는 길을 열어 놓았다는 부정적인 유산을 남기기도 했다.

제국주의

❖ **쥘 베른** (Jules Verne, 1828년~1905년)

19세기 프랑스 소설가. 근대 공상 과학 소설의 선구자이다. 법률을 전공했지만, 문학에 대한 꿈을 버릴 수 없어 희극과 희가극을 쓰기 시작했다. 여행을 좋아하여 영국과 스칸디나비아 등지를 여행한 뒤 발표한 〈기구 타고 5주일〉이 폭발적인 인기를 끌었다. 그 이후 발전하기 시작한 자연 과학적인 지식에 상상력을 가미하여 지금도 전 세계적으로 읽히고 있는 〈해저 2만 마일〉, 〈80일간의 세계 일주〉등을 썼다. 그의 소설은 당시에는 꿈같은 이야기였지만 과학 기술의 발달로 지금은 실현되었다.

❖ 빅토리아 여왕 (Queen Victoria, 1819년~1901년)

영국 여왕. 빅토리아 시대라는 말을 만들어 낼 정도로 오랜 기간 왕위에 있었다. '군림하되 통치하지 않는다.'는 영국 왕실의 전통을 만들어 낸 인물이기도 하다. 그녀가 통치하는 시기 동안 영국은 산업 혁명에 성공하였다. 이어서 해가 지지 않는 제국을 만들어 내는 일에 성공하였으며, 인도 왕의 자리에 오르기도 했다. 그녀 치하에서 영국은 양당제를 확립해서 의회가 정치를 주도하는 시대로 돌입하였다.

아프리카 모험

❖ 데이비드 리빙스턴 (David Livingstone, 1813년~1873년)

19세기 영국의 선교사, 남아프리카 탐험가. 빅토리아 폭포와 잠베지 강을 발견하였고, 아프리카 횡단에 성공하였다. 아프리카에서 벌어지는 노예 사냥의 실태를 폭로함으로써 노예 무역 금지에 이바지하였다. 콩고 강을 탐사하던 중 열병에 걸렸는데, 헨리 스탠리의 수색 탐험대를 만나 극적으로 구출되었다. 그 후 스탠리 일행과 함께 조사를 계속하다가, 1873년 방궤울루호 부근 마을에서 이질로 사망하였다. 저서로 〈남아프리카 전도 여행기〉등이 있다.

❖ 헨리 스탠리 (Sir Henry Morton Stanley, 1841년~1904년)

영국 출신의 미국 언론인이자 탐험가. 1871년 아프리카에서 리빙스턴을 구조하여 널리 알려졌다. 콩고 강의 지도를 작성하였으며, 레오폴드

2세의 지원을 받아 콩고 강 유역에 레오폴드빌을 건설해 벨기에가 이 지역을 식민화하는 데 이바지하였다.

노예 제도를 타도하자!

❖ 윌리엄 윌버포스 (William Wilberforce, 1759년~1833년)

영국의 정치가. 역사를 처음 읽는 학생들에게는 낯선 이름일 수도 있지만, 그는 노예 무역 폐지 법안으로 유럽의 부끄러운 역사인 노예 무역을 폐지하는 일에 앞장선 인물이다. 정치가로 입문한 그는 하원 의원에 당선된 뒤 정치 개혁 중에서도 로마 가톨릭교도가 영국에서 정치적으로 소외된 현상을 개혁하기 위해 노력하였다. 1787년부터 노예 무역 폐지를 위해 노력했는데, 드디어 1807년 노예 무역 폐지법을 성립시켰다. 그가 죽은 해인 1833년 영국에서는 노예 제도 자체가 폐지되었다.

공포의 세기

제1차 세계 대전

❖ 프란츠 페르디난트 (Franz Ferdinand, 1863년~1914년)

오스트리아의 대공. 오스트리아-헝가리 제국의 황제 프란츠 요제프 1세의 조카로 황위 계승자였다. 그는 국내의 슬라브 인의 지위가 현저히 낮은 점을 개선하기 위해서 남슬라브계 여러 나라를 포괄하는 삼중

왕국을 구상하였지만, 이것이 헝가리 인, 세르비아 인들의 반발을 불러
일으켰다. 1914년 6월 오스트리아가 병합한 보스니아에 여행 갔을 때
그의 삼중 왕국 계획에 불만을 품고 있던 세르비아 민족주의자 가브릴
로 프린치프에게 암살되었다. 이 사건이 제1차 세계 대전의 직접적인
신호가 되었다.

위대한 약속의 땅

✤ 블라디미르 레닌 (Vladimir Il'ich Lenin, 1870년~1924년)

러시아의 혁명가. 마르크스 이론에 크게 영향을 받고 이를 실제로 러시
아 사회에 실현하기 위해 노력한 사람으로 체제에 저항하여 여러 차례
감옥에 갇히기도 했다. 추방되어 스위스에 망명해 있던 중 러시아 혁명
이 일어나자 바로 귀국해, 자유주의 정부를 무너뜨리고 볼셰비키 중심
으로 소비에트 연방을 결성했다. 그의 시대에 세계에서 처음으로 사회
주의 국가가 성립되었다. 그러나 체제에 반발하는 사람을 너무 많이 숙
청하여 가혹한 정치를 보여주기도 했다.

✤ 스탈린 (Iosif Vissarionovich Stalin, 1879년~1953년)

소련의 독재자. 1917년 볼셰비키 혁명에 참여했고 레닌의 정치 조직에
서 일했다. 레닌이 죽은 뒤 레닌의 뒤를 이어 소련 지도자가 된 그는 반
대자를 가혹하게 숙청한 것으로 악명이 높았다. 그러나 제2차 세계 대
전 중에 독일이 모스크바를 공격했을 때 이를 물리치고 연합국 편이 되
어 제2차 세계 대전을 승리로 이끄는 바람에 정치적인 영향력이 커졌다.
제2차 세계 대전 뒤에 나타난 냉전 체제의 한 축을 이끌어 간 인물이다.

평화주의자 간디

✤ 간디 (Gandi, 1869년~1948년)

영국이 인도를 지배하던 시절에 태어났다. 영국에서 공부한 다음 변호사가 된 간디는 아프리카에서 일하는 동안 인종 차별을 경험했다. 간디는 이 경험을 개인적인 문제로 풀지 않고 동포들의 인권을 위해 싸우는 계기로 삼았다. 그 결과 조국 인도에도 이름을 알렸다. 인도로 돌아간 그는 비폭력 불복종 방식의 독립 운동을 전개해서 인도의 정신적 지주가 되었다. 영국의 지배에 대항한 소금 행진 등을 비롯해 여러 가지 방식으로 인도인의 마음을 하나로 모은 그는 인도 독립의 상징이 되었다. 독립 과정에서 힌두교와 이슬람교가 두 나라로 나뉘는 것에 반대하는 극단적인 힌두교도에게 암살당했다.

✤ 타고르 (Tagore, 1861년~1941년)

인도의 벵골 지방 출신. 벵골 문예 부흥의 중심 역할을 한 집안의 영향으로 어릴 적부터 시를 썼다. 열여섯 살 때 처음으로 아름다움을 노래하는 시풍의 시집을 출간했다. 그러다가 아버지의 명령으로 시골 땅을 맡아서 돌보던 중 농민들의 힘든 삶을 지켜보면서 민족의식이 싹터 독립 운동에 관여하게 되었다. 시집 〈기탄잘리〉로 동양인으로서는 처음으로 노벨 문학상을 받아 세계에 알려졌고, 세상을 여행하면서 문화의 교류에도 힘썼다. 간디와 더불어 인도인의 정신적 지도자로 꼽힌다.

달 착륙

❖ 닐 암스트롱 (Neil Armstrong, 1932년~2012년)

대학에서 항공학을 전공한 후 해군 비행 학교에 다녔다. 한국 전쟁 때 제트기 조종사로 참여했으며 그 뒤 미국 항공 우주국(NASA)에서 일했다. 1962년 우주 비행사로 선발되어 1969년 인류 역사상 처음으로 달 착륙에 성공했다. 달에 첫발을 디딘 뒤 '이것은 한 개인에게는 작은 발걸음이지만 인류에게는 커다란 도약이다.'라고 한 그의 말은 새로운 일을 시도할 때 자주 인용되기도 한다.